女性皇族の結婚とは何か

工藤美代子

毎日新聞出版

女性皇族の結婚とは何か

女性皇族の結婚とは何か　目次

第2章 家風

第3章 軋轢

第4章　賢母

皇族一覧

は故人

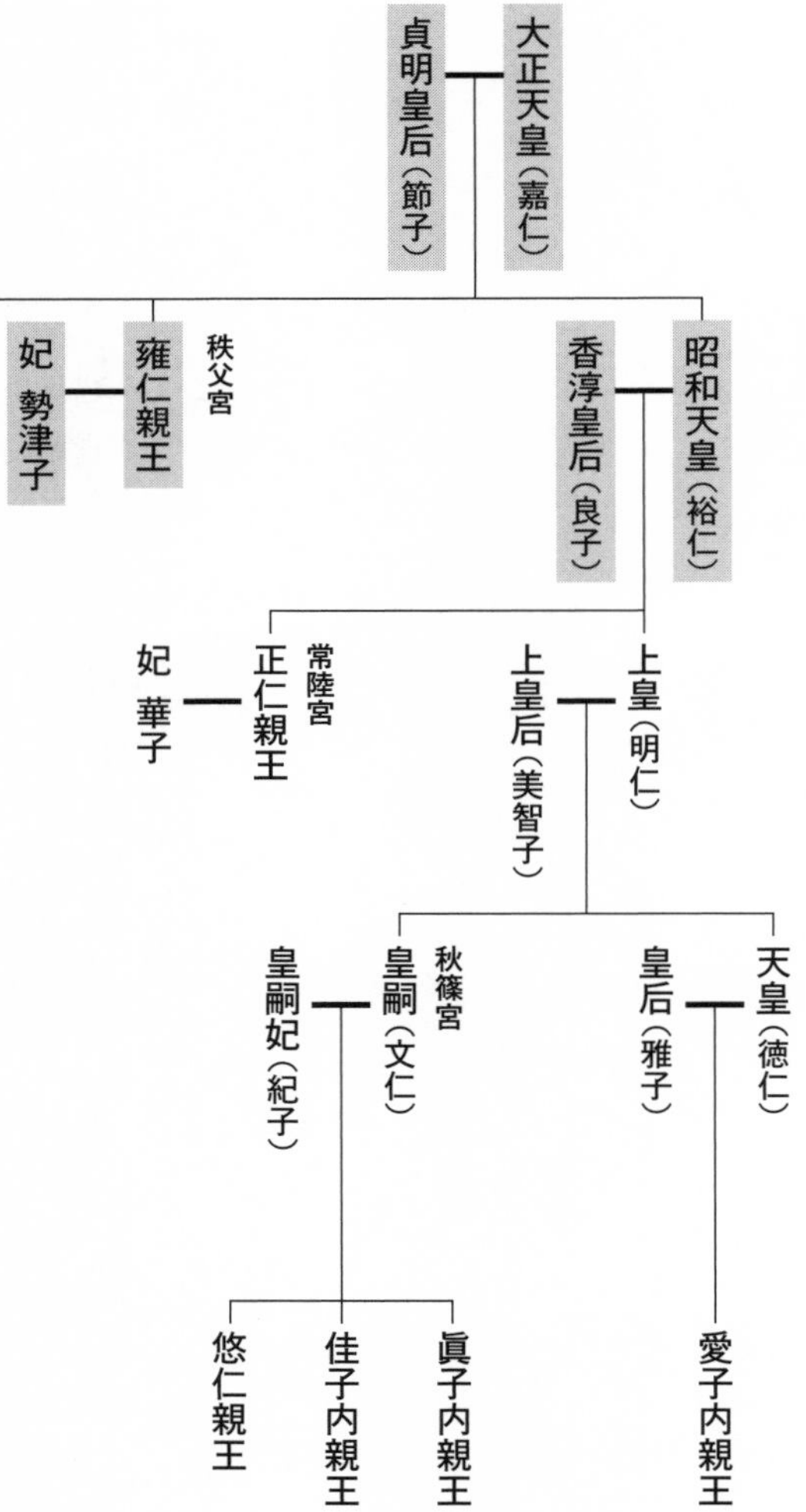

大正天皇（嘉仁）
貞明皇后（節子）
昭和天皇（裕仁）
香淳皇后（良子）
秩父宮
雍仁親王
妃　勢津子
上皇（明仁）
上皇后（美智子）
常陸宮
正仁親王
妃　華子
天皇（徳仁）
皇后（雅子）
秋篠宮
皇嗣（文仁）
皇嗣妃（紀子）
愛子内親王
眞子内親王
佳子内親王
悠仁親王

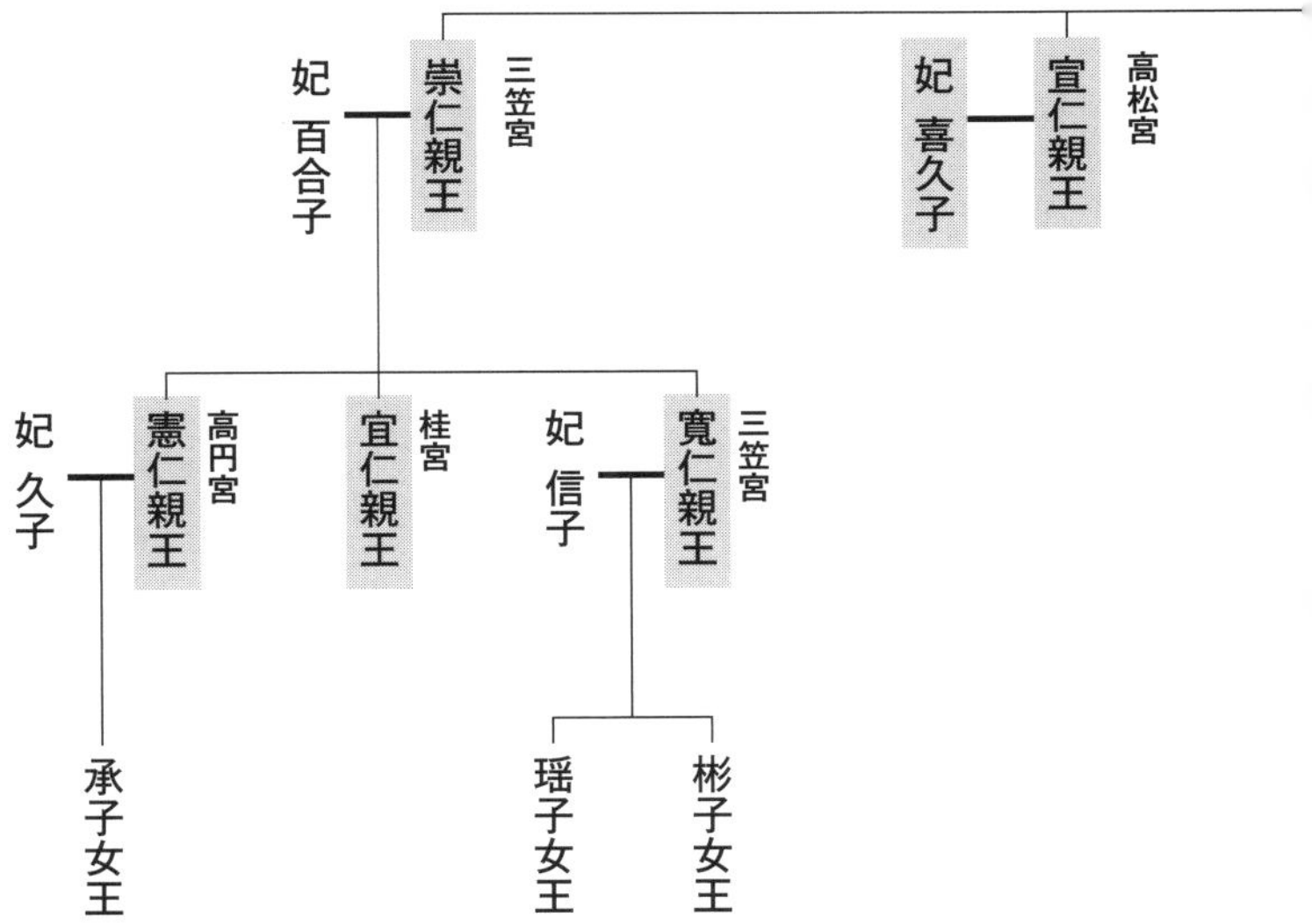
高松宮
宣仁親王
妃 喜久子
三笠宮
崇仁親王
妃 百合子
三笠宮
寛仁親王
妃 信子
桂宮
宜仁親王
高円宮
憲仁親王
妃 久子
彬子女王
瑶子女王
承子女王

装丁　重実生哉

序章　眞子さまの結婚

なぜ眞子さまの「結婚問題」はここまで注目を浴びているのか

令和3（2021）年9月1日。マスコミ各社によって眞子さまと小室圭氏の年内結婚が報じられた。一般の結納にあたる「納采の儀」など結婚に関する儀式は行われず、結婚後、眞子さまは米国に移って新生活を始めるとみられている。4年続いた結婚騒動に一応の決着を見たかたちとなった。

本書を書き始めたのは令和2（2020）年の初めだった。その時は、秋篠宮家《あきしののみや》の眞子《まこ》内親王の結婚問題がここまでこじれるとは思っていなかった。ところが、週刊誌などで明らかになった婚約内定者の小室圭氏と母の佳代さんに関する金銭トラブルは、いっぺんに世間の耳目を集める流れとなった。知らない人はいないと思うが簡単に記すと、佳代さんは元婚約者から、かつて400万円ほどの資金援助を受けた。それを返していないことが、元婚約者からの告発で明らかになった。しかし、小室母子の認識では、そのお金は贈与であったという。元婚約者と小室氏側はお互いに譲らなかった。そこから、小室氏の過去の言動の数々が、あっという間に報道されるようになった。その結果、眞子さまと小室氏の結婚を祝福する人は極めて少ない状況となった。

それにしても、なぜこうなったのか？　もっと率直に言えば、なぜこうした流れが生まれてしまったのか？　という疑問は常に私の頭の片隅から離れなかった。国民の目の前で、眞子さまの結婚問題は最悪の事態へと進展した。その速度や異様さは、普通の人の想像をはるかに超える勢いがあった。

女性週刊誌などの記事を散見する限り、初めは小室母子に対する批判が多かった。やがてそれは眞子さまや秋篠宮家全体にも及んでいった。

この頃からだったろうか。突然のように皇室とは何か？　皇族の資質とは何か？　を問う声も多くなった。

とにかく、この結婚には賛同できない。なぜなら小室氏は女性皇族の配偶者としてはふさわしくないからだ、となる。それは彼と、その母親が背負う借金問題にある。たとえ一般の家庭であっても、金銭トラブルを抱えた家に娘を嫁がせるのは躊躇《ちゅうちょ》するだろう。小室氏の親族の自殺や、母、佳代さんの交友関係もまた看過できないといった論調の反対意見が席巻した。眞子さまがなんとか早く目を覚ましてほしいという叫び声は日に日に強くなった。

そして、突然の「年内結婚」報道に、当然ながらテレビやネット上は朝からこの話題で沸いた。

しかし、こんなことは社会でよく見る事例でもある。周囲の大人がいくら「やめておきなさい」と口を酸っぱくして言っても、恋におちた若い二人は耳を貸さない。どんなに不吉で将来を案じさせる材料が揃っていたとしても、頑として聞き入れずゴールへと突き進む。私もそうしたケースは山ほど知っている。別に統計をとったわけではないのだが、いわば無理筋を承知で、何が何でも押し通す強引な結婚は、たいがいの場合は幸せな結末を迎えられない。夫婦になっても、周囲との摩擦が大き過ぎるからだろう。

それでも今の社会は離婚歴があること自体は、特に本人の評価の低下にはつながらない。就職や再婚にも、私の若い頃ほど不利ではなくなった。だが、子供を連れて離婚したシングルマザーの精神的、および経済的な負担が重いのもまた事実である。

さて、眞子さまのケースは、もちろん一般人の結婚よりもさらに複雑な経緯を辿《たど》っているようだ。初めは将来を見すえた上での大人としての反対意見がほとんどだった。そこへ新たな理由が加わった。

「皇族はわれわれの税金で食べている。だから、この結婚にわれわれの税金が投入されることは看過できない」という論調の意見を支持する層が急激に増えたのである。

こうした問題は日本に限らず、外国の王室においても多くの前例がある。最近では、イギリスのヘンリー王子がアメリカ人のメーガン妃と結婚した後、その浪費の凄《すさ》まじさに国民が非難の声を上げた。それが王室不要論へと発展するのを他の王族が強く警戒しているのは明らかだ。この件についてはあらためて述べたいと思うが、どこの国でも、王族や皇族がどのような配偶者を得るかについて、国民は神経を尖らせている。高貴な階層の人々は、その人柄が、そのまま国柄に反映されるためだろう。国王が品位ある行動をしない国は、民度が低いとみなされ国際社会から白い眼で見られる。だから、民間から迎えた配偶者のイメージは王族や皇族の生殺与奪を左右する場合すらあり得ると言えよう。

いずれにせよ眞子さまの結婚問題によって、日本でも皇室と皇族のありようについて、幾多の疑問が噴出したのは確かだった。これは秋篠宮家の問題なのか、それとも眞子さまの皇族としての資質を問われているのか。はたまた、弟である悠仁《ひさひと》さまの将来の天皇としての適性にも疑問符が付けられたのか。愛子《あいこ》さまの方が天皇に即位すべきではないかといった議論にまで膨張した。

眞子さまという内親王が小室氏と結婚するべきか否かという報道は、急速に限りない広がりを見せて、ボルテージがどんどん上がっていったのである。それはいつしか皇室の存続についての論争にまで発展するのは時間の問題と見られた。

新聞、雑誌、テレビ、ネットなどで伝えられる事実は非常に興味深いものだった。小室家に関する情報は氾濫していた。眞子さまの一途《いちず》な決意や、それについての秋篠宮両殿下、天皇皇后の思《おぼ》し召し、さらには上皇、上皇后の秘めたお気持ちなどが、ずいぶんと赤裸々に報道されてもいる。

だが、私にとって、なによりも気になったのは極秘情報を週刊誌に寄せている人たちの名前や肩書だった。その多くが匿名で語っていて、「皇室関係者」「宮内庁関係者」「皇室記者」「皇室ジャーナリスト」といった具合だ。記事もまた、ほとんどが無署名である。もちろん、本名で書いたり、語ったり出来ないテーマがあるのは私も承知している。しかし、これだけ重大なことで、ひょっとしたら皇室の将来を左右しかねない内容の発言が、すべて匿名の人物ばかりというのは、ノンフィクションを書いている身としては気になった。なぜなら、ノンフィクションは事実を書くことが大前提であり、その内容に著者が責任を持てない限り書いてはいけないのである。

例えば、平成31（2019）年の3月に刊行されたノンフィクション作家、奥野修司氏の『天皇の憂鬱』（新潮新書）を読むと次のような一節がある。

「ある人物によると、天皇（引用者注・現上皇）は『ゆくゆくは愛子（内親王）に天皇になってほしい。だけど、自分も長く元気ではいられないだろうから、早く議論を進めてほしい』とおっしゃったそうである」

そう語った人物の名前は明記していないものの、奥野氏自身の責任において、あえてこの文章を書いたのがわかる。そうなると上皇、上皇后のご意思は、愛子天皇の誕生にあることが信憑《しんぴょう》性をもって読者に伝わってくる。

せめてこれくらいの明確な記述が欲しいものだと私は思う。匿名のコメントに真実が含まれていることも多々あるので、簡単には無視できないのは事実だ。しかし、ただの憶測であったり、雑誌を売らんがための煽《あお》り記事だとしたら、あまりにも無責任ではないだろうか。

その一例として、ある女性週刊誌の報道を見てみたい。まず大きな見出しに「小室圭さん『解決金は眞子さまから！』」という文字が躍る。表紙や新聞広告にも同じ文言がくっきりと目立つように刷り込まれていた。しかし、いざこの記事を読んでみると、ある皇室ジャーナリストが「前勤務先の法律事務所でしょう。生活費以外にまとまったお金を借りて解決金としてAさん（引用者注・佳代さんの元婚約者）に渡した後に、結婚時に税金から眞子さまに支払われる約1億4000万円の一時金から返済する算段ではないでしょうか」というコメントを、また別の皇室関係者が眞子さまは「小室家を援助されるだけの蓄えは充分すぎるほどあるでしょう」として「自分が解決金を払うと決断されたら、止められる人はいるのでしょうか」と推測しているのである。どこにも事実の裏付けはない。こうした憶測を重ねるだけなら、関係者ではなくて、いわゆる市井の人たちの井戸端会議でも思いつくような内容だ。それなのに、あたかも確かな情報といった調子で「解決金は眞子さまから！」という大見出しになってしまう。

したがって、こうした匿名のコメントを根拠とした記事にハードファクツを見出すのはきわめて難しい。本文では「でしょうか」と言うばかりで断定もしていないのに、見出しだけは断定型だ。印象操作と受け取られても仕方がないだろう。

それでも、これだけ眞子さまや小室氏を批判する活字が毎日のように垂れ流されるのである。当人たちや関係者にとっては鋭い痛みを伴うに違いない。もちろん、どんな批判も己を顧みるようすがとしなければいけないのは事実だ。しかしまた、いくら報道の自由が謳《うた》われる時代であっても、戦後の皇族がこれほど激烈な言葉で長期間、複数の媒体に次々と批判された例はなかった。たとえ多少の批判をされたとしても、抗議はしても、謝罪などしないのが今までの皇族の姿勢である。だから、眞子さまから騒動に関するお言葉がなくても違和感はない。むしろ事態の収拾に手をこまぬいている宮内庁への不信感を口にする人が多い。

時代は変わり皇族のありようも変わったのか。そうも思えるが、一方ではある感慨にも襲われる。これは時代の変化だと一括《くく》りに決めつけられないだろう。確かに眞子さま問題は社会に大きな物議を醸した。だが、実は明治維新以降の近代皇室の歴史の中で似たような不祥事はいくらでも起きていたのである。

そうした際に問われたのは、かつての宮内省や政治家、皇族の長たる人々の危機管理能力だった。彼らには、私情は別として、どうしても守るべき信念があった。それは皇族の権威の保持である。権利や権力ではない。自ずと国民によって支えられている権威が傷つくような状況は身を挺《てい》してでも防がなければならなかった。だから、土壇場まで追い詰められても、皇室の将来を案じて可能な限りの手を打った。妥協もした。その覚悟が残念ながら、もはやなくなっているのが、今回の眞子さま問題の根幹にあるように思える。

「宮中某重大事件」の顚末

私が昭和天皇の后《きさき》だった良子《ながこ》皇后（追号《ついごう》は香淳《こうじゅん》皇后）の伝記を書いたのは平成11（1999）年から12年にかけてのことだった。雑誌の連載がもうすぐ終わろうとする6月16日の午後、良子皇太后は眠るがごとく息を引き取ったというニュースが流れた。97歳での大往生だった。

香淳皇后の一世紀に近い生涯を検証するのは、私にとっては初めての皇族をテーマとした仕事だった。それまでは、皇室に対する尊敬の念はあったものの、特に詳しい知識はなかった。

古い文献や新聞記事を調べながら、何度も驚愕《きょうがく》したのは、皇族の方々が、思いがけないほど多くの事件やスキャンダルに遭遇していた点だった。先の大戦で敗北を喫した日本は、天皇とその弟宮である三宮家（秩父宮《ちちぶのみや》、高松宮《たかまつのみや》、三笠宮《みかさのみや》）だけを残して、他の皇族はすべて一般人となった。つまり皇族の数は戦後になって極端に減った。

だが、明治維新以降の皇室の激変もまた、ひどく強烈だったのである。それまでは京都でその時々の日本の権力者と協調しながら、独自の権威と文化を保持していた皇室が、明治天皇と共に東京へと引っ越した。さらに諸外国に門戸を開いた新生日本で、天皇は国家を統一する役目を担ったのである。皇族男子はすべて軍人になるという決まりができた。武士が国家の権力を握った時代が終わりを告げたからである。天皇を頂点に戴《いただ》く新生日本は、世界の列強への仲間入りを急いだ。そのためには軍事力を猛速で整備する必要があった。天皇を支えるほかの皇族男子が軍人になったのは何ら不思議ではなかったのである。

では女性皇族はどうだったのだろう。現在もそうだが、女性皇族と一括りに呼んでも、三種類の女性たちがいる。もともと宮家に生を享《う》けた女性たちと、華族の出身で宮家に嫁いで妃殿下になった女性たち。そして民間出身の女性たちだ。

戦後になって華族士族も含めた、あらゆる身分制度がなくなり、ごく少数の皇族だけが残った。そこへ一般女性が嫁ぐのは当たり前となる。それでも、戦後しばらくは元華族や元宮家といった肩書へのこだわりは強かった。だが、現代は皇族の配偶者となる女性の家柄をあげつらうのは、差別を助長すると批判され、むしろ遠慮をしてあまり触れない風潮になっている。だから、せいぜい美智子上皇后が皇太子妃に決定された昭和30年代には、実家の正田《しょうだ》家についての詳しい調査がなされたが、現在の雅子皇后のお輿《こし》入れの際は、小和田家の歴史を江戸時代以前まで遡って調査しようなどとは考えなかったか、あえて控えた。お寺の過去帳さえも家系の綿密な調査対象にはなり得なかった。

現代社会においては、むしろ妃殿下となる女性の学歴や語学力、実家の職業、本人のキャリアなどが重要視されるようになっている。

もちろん、本人や親族の病歴に触れるのもタブーである。つまりは、妃殿下になる女性が持つ個人の資質が選考の最も重要な条件となる。その上に、結婚する当人たちの意思が限りなく尊重されるようになった。

それに比べると、戦前の皇室はまったく異質の世界と言えよう。久邇宮《くにのみや》家の良子女王が、皇太子（のちの昭和天皇）妃の候補として選考の対象となったのは大正6（1917）年のことである。翌7年の1月には宮内大臣が父親の久邇宮邦彦《くによし》王に会って、正式に良子女王を皇太子妃として迎える意向を伝えた。時に良子女王は14歳の若さである。すぐに2月には女子学習院を中退して、自宅でお妃教育が始められた。そして翌年の大正8年6月10日に正式に婚約内定の発表があった。

良子女王は成績優秀、容姿端麗、運動能力抜群、音楽的素養にも優れていた。しかも久邇宮邦彦王の正妻俔子《ちかこ》妃の長女として生まれている。この事実は付加価値として評価された。当時は天皇も皇后も正妻の子供ではないことが当たり前だった。その反面、社会の側室制度への違和感は次第に強くなっていく。一夫一妻制が定着している西欧社会への配慮もあった。だから、まさに理想的な皇太子妃候補として良子女王は認められたのである。ところが、そこにまさかのクレームがついた。当然ながら宮中内には激震が走った。

クレームの詳細は割愛するが、久邇宮家が色覚障害の家系であるということを理由に、元老の山県有朋《やまがたありとも》が反対運動を開始した。それが結果的には日本の国論を二分するような大問題へと発展したのである。念のために記すと、良子女王には色覚障害はなかった。ただ母方の俔子妃の家系にそれが見受けられたのである。

大正時代の日本の医学は、色覚障害と遺伝に関する研究がまだそれほど進んでいなかった。したがって、両陣営のお抱えの医師がそれぞれ違った見解を示したため、問題はさらに混迷した。それでも、今のように連日眞子さまの結婚問題をメディアが垂れ流すような状況にはならなかった。報道は厳しく統制されていたのである。

山県からのクレームに、久邇宮邦彦王は最後まで徹底抗戦の姿勢を貫いた。それに対して山県もまた、もし色覚障害が次世代の天皇や直宮《じきみや》に遺伝したら、将来に禍根を残すと主張して譲らなかった。いくら情報統制を敷いていても、日本の中枢を動かす要人たちが、久邇宮派と山県派に分かれての死闘を演じているのだから、庶民の耳に入らないはずはない。密かに「宮中某重大事件」と呼ばれ、両派入り乱れてのまさに一触即発の状態が続く。そのため、情報は少しずつ社会に漏れ出て浸透していったのである。

そもそも色覚障害の可能性が否めないのだから辞退してくれと迫られた場合、あきらめて身を引くのがこれまでの常識であった。しかも、実はこれに似たケースは大正天皇の妃殿下選びの際にもあった。当人同士が決める結婚などなかったのだから、条件が一致しなかったら、破談になるのはこの種の縁談の宿命である。特に男系の世継ぎを産むことが求められていた皇室は、健康面でのチェックには過剰なほど神経質だった。

ところが久邇宮はあきらめるどころか、断固として娘を皇太子に嫁がせようとする意志を露骨に示して各方面への運動に乗り出した。

あまつさえ、節子《さだこ》皇后に直接に自筆の手紙を渡した。娘の婚約を予定通りに進めてほしいという直訴状だった。これは、なかなかに大胆な行為であり、渡された皇后は不快に感じた。困り果てた宮内省では、大正10年初めに、伏見宮博恭王《ふしみのみやひろやす》を使者に立てて、辞退を勧めてもらった。それに対して、久邇宮はもしも婚約を解消せよというのなら、良子女王を殺して自分も切腹すると答えたという。つまり結婚させてくれないのなら無理心中するということだ。ここまで来たら、もはや恫喝《どうかつ》に近い。

皇太子の母として節子皇后は、一連の動きに憤慨した。あんなに押しつけがましい父親がいては、皇太子が将来苦労をするのではないか。さらには皇室の内政にも干渉するかもしれないという不安を抱いた。

天皇は大正8年に神経痛の発作を起こし、やがて脳病を併発、健忘症にかかった。そうなると、あらゆる重要な決定は皇后が下すしかなかった。そこにも宮中某重大事件のさらなる複雑さを招いた理由があった。つまり、女性（皇后）が全権力を握るのを警戒する重鎮たちもいたのである。

いずれにせよ久邇宮は、時の皇后の懸念をねじ伏せてでも縁談を成立させるつもりだった。よく考えれば、自分の娘が嫁いだら、節子皇后は娘の姑《しゅうとめ》となる。それでも自殺するとまで恫喝するのは、まさに鋼のメンタルと言えよう。

久邇宮を擁護する怪文書の印刷物が出回り、立憲国民党の議員が衆議院でこの問題を取り上げると言い出した。国粋主義者の巨頭、頭山満《とうやまみつる》一派が山県を襲撃するという噂が流れ、原敬《はらたかし》首相は山県邸に警護をつけた。

もはや、かなりの国民がある程度の事情を把握しているのは間違いなかった。さらに、久邇宮に肩入れする勢力が、紀元節の日に明治神宮で国民大会を開くと騒ぎだしたことに原敬は慌てた。それが実行されたら、今までの水面下での鬩《せめ》ぎあいはすべて露呈される。そうなれば、完全に不祥事として皇室の歴史に未来永劫まで汚点を残す結果となるに違いない。

久邇宮側にしてみれば、これを国家的なイッシューとすることで、圧力を強める狙いがあったのだろう。

2月10日の午後8時に中村雄次郎宮内大臣が突然次のような発表をした。

「良子女王殿下東宮妃御内定の事に関し世上種々の噂あるやに聞くも右御決定は何等変更なし」

つまり、どのような噂が流れたとしても、結婚内定に変更はないとの声明文を発表せざるを得ないところまで宮内省は追い詰められてしまった。ただし、発表と同時に宮内大臣は辞任している。自分の辞職と引き換えに「変更なし」という苦渋の決断に至ったのだった。それは個人の栄達よりも皇室の名誉を守らなければならないという強い使命感からだったろう。

久邇宮の強引さに、ついに宮内省は屈したのである。

久邇宮がここまで反撃に出るとは、予想していなかったところに、皇室側の敗北の原因があったのではないだろうか。見通しがあまりにも甘かった。それを予《あらかじ》め予期していたのは元老の西園寺公望《さいおんじきんもち》くらいだった。とにかく押しまくられて為《な》す術《すべ》もなく婚約は決まってしまった。久邇宮の立場からすれば、娘を皇太子妃にすることは、それだけのメリットがあった。だからこそ必死になって闘ったとも言えよう。

表向きはまだ選考段階だった頃に、久邇宮邸は新築されている。着工は大正6年3月1日だった。渋谷宮代町に皇室から2万2000坪の広大な敷地を賜《たまわ》った。そこに2年の歳月をかけて豪華な屋敷、庭園、官舎までが新築された。これまで、あまり裕福という話は聞かなかった久邇宮である。むしろ、「お手元は苦しかった」と書く文献もある。おそらくは未来の皇太子妃、そして皇后のために、豪邸建設費用のすべては皇室から拠出されたものと考えられる。

現代は、まだ結婚する前から、眞子内親王の新居には国民の税金が使われるのか、結婚に際して眞子さまに支払われる約1億4000万円が、小室氏の母の借金返済に利用されるのか、といった指摘がメディアで繰り返し噴出している。それに比べると当時は久邇宮邸の建設費用を詮索する関係者もメディアもいなかった。ただし、後年になって資料を調べてみると娘の婚約が決まりかけた頃から、久邇宮家の暮らしぶりは明らかに豊かになった。後述するつもりだが、そのために新たなスキャンダルが起きたほどである。

ともあれ、豪邸建設の費用などは久邇宮にとっては当然の待遇だったのだろう。その上にプラスアルファーの恩恵の数々を被ったことは想像に難くない。娘や息子を有力な家に縁付けるのは、大切な結婚戦略だった。余談だが、その風習は今も健在である。皇室と親族になることが、いかに一家のブランド力を底上げするかは、今回の一連の眞子さま騒動で日本人は痛いほど実感したはずである。

小室氏の場合は婿《むこ》であるが、娘でも息子でも、皇族と結婚した家族がいた場合、その実家のメンバーも、あたかも皇族になってしまったような気分でふるまう例はけして珍しくない。どこへ行くにも皇族同然の待遇を要求する家族はいくらでもいる。いつの日かそうした事例が歴史として検証される時代が必ず来るだろう。そういう視点で見ると小室母子のケースは氷山の一角とも言える。

戦後になって、著名な政治家や皇室関係者の日記、回想記が次々と出版され、初めて宮中某重大事件の全貌が明らかになった。やがて、同じように現存の皇族やその配偶者の実家の実態が解明される日が来るに違いない。もちろん、無用な誹謗《ひぼう》中傷ではなく、あくまで真実が世に示されるという意味である。

綸言汗の如しのブーメラン

さて、宮内大臣による婚約内定の発表で、ようやく皇太子の婚約問題は決着を見たはずだった。しかし、一人だけその事実に、どうにも納得のゆかない女性がいた。それが節子皇后だった。

婚約変更はないと発表された後も、良子女王には頑《かたく》なに会おうとしなかった。良子女王に難癖をつけているのではない。あの父親が「ご自分さまが勝った」というふうな顔をするのが腹立たしいのだと節子皇后は側近に語っている。

良子女王の名誉のためにも述べておくと、彼女自身についての悪評は一切残されていない。しかも、結婚後の昭和天皇との夫婦仲はきわめて円満だった。だが、節子皇后の久邇宮に対する嫌悪感は簡単には消えなかったようだ。だから、すんなりとは良子女王を嫁として迎える気持ちになれなかったのだろう。わだかまりは、昭和20年の終戦の日まで残った。

宮中某重大事件に関しては、明治政府を牛耳っていた薩摩と長州の重鎮たちの代理戦争だったという説もある。あるいは、大正天皇が病床にある中での節子皇后と久邇宮の対立だったと書く資料もある。いずれにしても、久邇宮が想像を絶する自己主張を続けたのは事実だった。

この時期に久邇宮とその一派が金科玉条の如《ごと》く唱えたのが「綸言汗の如し《りんげん》」という言葉だ

った。帝王の言葉というものは、汗のように一度出たら引っ込むことはないという意味である。これは天皇の裁可を覆そうとする事柄に対してよく使われた言葉である。

最近の例を見ると、眞子さまの結婚は平成29（2017）年の9月3日に婚約が内定され、記者会見は同日に開かれた。この会見でまず眞子さまが最初に「本日、天皇陛下のお許しを頂き、婚約が内定いたしましたことを誠にうれしく思っております」と述べた。

小室氏も初めに「天皇陛下よりお許しを頂きましたことを大変有り難く存じます」と感謝した。

言うまでもなく天皇陛下とは現上皇陛下である。続く質問に対しても、「天皇皇后両陛下よりは、大変温かく、心のこもったお言葉を頂きました」とあるので、上皇后も温かい言葉で二人の結婚を認めたのだろう。

だとすると現在の上皇上皇后のお気持ちは、どのようなものなのだろう。もしも、「綸言汗の如し」であるとしたら、一度は認めた結婚を覆すわけにはいかなかったはずだ。

ただし、天皇皇后は、その後に退位されたのだから、婚約の内定はやはり認めるわけにはゆかないと発表するのは今上《きんじょう》陛下になった可能性もある。だが、結婚の報道に至るまで、両陛下は特別に婚約を白紙にするようにとは明言しなかった。

それは、やはり小室氏側からの辞退を期待していたからだろう。

良子女王と皇太子の婚約もなんとか久邇宮から辞退する形にしたかったが、そういう運びにはならなかった。とにもかくにも6年の長きにわたる婚約期間を経て、大正13（1924）年1月26日にようやく婚儀の日を迎えた。盛大な饗宴が何度か開催されたのは5月だった。

さまざまな経緯はあったものの、辛うじて大きなスキャンダルとなるのを回避して、久邇宮は娘を宮中に送り込むのに成功した。

まさに得意絶頂の久邇宮だったが、実は背後にさらなる難局が待っていた。それは良子妃の兄である朝融《あさあきら》王の縁談に関するものだった。朝融王は明治34（1901）年2月2日生まれで、裕仁《ひろひと》皇太子は同年の4月29日生まれである。学習院でも顔見知りだった。若い頃の朝融王の写真を見ると、母の俔子妃に面差しが似て、なかなかハンサムである。

余談だが、父の久邇宮邦彦王は、かつてロシアに旅行した時にニコライ皇帝2世と面会している。ニコライ2世といえば明治24年に日本を訪問中、滋賀県大津で巡査の津田三蔵に刀で襲われた経験がある。その傷跡は後年になってもくっきりと額に残っていたという。したがって、日本人に対する感情は微妙なものがあっただろう。そのせいか否かは不明だが、日記に久邇宮の印象を「小柄で不格好なでぶ」と書き記した。

実際現存する久邇宮の写真を見ても、風采は上がらない。よく良子女王のような美しい娘が生まれたものだと感心する。

その良子女王の婚約が整って間もなく朝融王も婚約を発表していた。正式に宮内省を通して発表され、新聞、雑誌にも報じられた。

お相手は、酒井忠興《ただおき》伯爵の令嬢の菊子《きくこ》姫だった。

ところが、良子女王の婚儀が無事に終わってわずか10日後の大正13（1924）年2月5日、久邇宮家の使者が宮内大臣の牧野伸顕《のぶあき》に面会して朝融王の婚約を破談にしたいと申し出た。

驚いたのは牧野である。なにしろ、良子女王との婚約を破談にしたいと申し出た時に、6年間の長きにわたって猛烈な反対運動を繰り広げたのは、久邇宮その人である。「一度約束したものを反故《ほご》にするのは倫理にもとる」と言い張って、頑として聞き入れなかった。

それなのに、今度は自分の息子の婚約を破棄したいという。それでは久邇宮が今まで主張していた理屈はどうなるのか。しかも、今や久邇宮は、ただの皇族ではなかった。天皇の「直接御縁続き」である。

このあたりは皇嗣殿下であり長男の悠仁殿下が将来の天皇となるはずの秋篠宮家と似ている部分もある。つまり宮家の評判は、天皇に直接関係して響いてしまう。

『牧野伸顕日記』によると、2月15日に牧野は久邇宮と面談した。皇室の尊厳やご高徳によって統一が保たれているのだから、何とか朝融王の結婚は実行してほしいと頼んだ。もう婚約破棄には宮内省も政界も辟易《へきえき》としていたのだろう。

しかも、あれだけ辞退を迫られながら「綸言汗の如し」を盾に攻撃の手をゆるめなかった久邇宮である。逆にその言葉をブーメランのように久邇宮に返したい気持ちだったに違いない。

皇太子妃の実家になる可能性がほぼ確定した途端に、朝融王の社会的な地位は一段と高まった。普通の宮家よりも経済的にも豊かになり、それだけに多くの縁談が朝融王にも持ち込まれた。だからこそ、品位を保ってほしいと牧野は切望した。

だが、ここでも素直に引き下がるような久邇宮ではなかった。息子と婚約が整っている令嬢に関して、ある噂が世上に流れている。朝融王は長男であり、宮家の跡継ぎなので、たとえ噂であっても先祖に申し訳ないと主張し始めた。

では、その噂とはどんなものだったかというと、婚約相手の菊子姫が実は処女ではない、すでに男性を知っているというものだった。現代なら、そんな理由で婚約破棄するのは笑い話でしかない。たとえ皇族に一般女性が輿入れする場合でも、過去の男性遍歴を詮索して破談にすることなどあり得ないだろう。しかし、当時は処女であるかどうかは重大な問題だった。

だが、そこは洞察力に優れた牧野である。久邇宮が言い募る噂云々《うんぬん》に関して日記には次のように書いている。

「要するに前記の噂さは口実に供せられたもの丶如く、実際若宮の御請願の切なるものありて」

つまりは、令嬢に関する噂というのは、あくまで口実であり、実は朝融王が必死になって父親に破談を頼んだのだろうと見抜いていた。

朝融王がなぜ婚約を破棄したかについては、小山いと子著『皇后さま』に詳しい。ただし、いと子はあくまで久邇宮家側に身を寄せて書いている。そのせいか菊子姫にまつわる噂の真相については、かなり、煽情《せんじょう》的な描写も多い。したがって、後に新装版の『皇后さま』が昭和63（1988）年に主婦の友社から刊行された時には「疑惑のままに」「若い過失」「邦彦王の苦衷」の3章が削除されている。朝融王の婚約破棄騒動に触れた部分である。ちなみに初版は昭和31年4月に刊行された。

菊子姫は朝融王との縁談が壊れたため、ある侯爵の夫人となり幸せな人生を送った。その遺族に対する配慮もあって、該当部分は削られたのだと思われる。

いわば朝融王と菊子姫の縁談は恋愛結婚に近かった。本人同士が惹《ひ》かれあい婚約をした。そして朝融王の妹の良子女王の皇太子との婚約問題が順調にゆかなかったために、彼らの結婚も遅れた。6年も待っている間に、お互いの欠点が目についてしまった。あるいは余計な伝聞が耳に入ってしまったということだろう。

久邇宮が娘の婚約辞退を承知しなかったように、菊子姫の実家である酒井伯爵家も簡単には婚約破棄を認めなかった。なにしろ、朝融王はやがて皇后になる女性の兄である。現在の眞子さまにも匹敵するくらいの存在感はあった。

しかも、久邇宮がいかに勇猛果敢に山県派や宮内省を相手に闘って、娘の結婚をいわばもぎ取ったかを酒井伯爵家は目のあたりにしていた。

酒井伯爵家に破談を申し入れるにあたっても、久邇宮は当時流れていた菊子姫が処女ではない、それどころか、彼女の姉が病気療養中だったため、姉の夫と関係を結んでいたという噂を、はっきりと相手に突き付けては言えない。あくまで伝聞に過ぎないのだから、どうしても曖昧な口上になる。すると酒井伯爵は、それでは久邇宮は良子妃の時に何とおっしゃったかと逆襲に出る。最後には3日で離婚しても良いから、菊子姫を一度宮家の妃として迎えてくれと迫った。華族である伯爵家から宮家に嫁ぐのは栄誉だった時代だ。それを一方的に破棄されたら、娘に傷がつく。

こうして、朝融王の婚約も収拾のつかない泥沼と化してしまった。皇太子も自分の妻の兄であり学習院時代からの親しい友人の身に起こったトラブルは気になったらしい。11月になって、牧野に直接問いただしたようだ。

これらの問題はどちらが悪いとは軽々に判断できない部分がある。小山いと子著の『皇后さま』では、非はあくまで菊子姫にあるような書き方だ。一方、牧野は日記に「宮家の態度に付《つい》ては深く憂ふるところあり」と記している。同情は示しているものの軽率の誹《そし》りはまぬがれないと思ったのだ。

すったもんだの末に婚約が正式に解消されたのは大正13（1924）年の12月になってからだった。すでに巷間《こうかん》ではこの顚末《てんまつ》は知られるところとなり、メディアもさかんに書き立てた。それでも慣習通りに酒井家が辞退する形を取ったために最悪の醜聞はまぬがれた。

そしてこの年の大晦日に朝融王は伏見宮知子《ともこ》女王との結婚を願い出た。1カ月に満たない早業である。というか、すでに天皇家に次ぐ格式の皇族である伏見宮家との縁組を目的としての破談交渉だったのかもしれない。翌年1月26日に結婚式を挙げた。今となっては真相は藪《やぶ》の中だが、宮内大臣の牧野の苦労たるや大変なものだったろう。

ところが、彼が頭を悩ませて奔走した事件は実はこれだけではなかった。

本書の中でも後に触れるが、節子皇后の弟にあたる九條良致《くじょうよしむね》もまた、大いにマスコミを賑わすスキャンダルの当事者だった。名門西本願寺の法主大谷光尊《こうそん》の次女武子を妻としながら、ヨーロッパへ新婚旅行に旅立ったまま、自分だけが英国に残り武子を日本へ帰した。それが明治43（1910）年のことである。

武子は美人の誉《ほま》れが高く、やがて歌人として名を成すようになる。日本に妻がいるというのに、ろくに手紙も書かず没交渉だった良致が、ようやく日本に戻ったのは大正9（1920）年になってからだった。よほど武子とは相性が悪かったのだろう。

その前に良致がロンドンで白人女性との間に2人の子供をもうけて、家族で暮らしていることが日本の新聞報道によって暴露された。

ただでさえ、大正3（1914）年には西本願寺は疑獄事件に巻き込まれ、武子の兄の大谷光瑞《こうずい》は門主を辞職し、伯爵の爵位も拝辞している。そこへ良致が海の彼方で起こした不倫騒動である。さらに一説には本願寺から良致を迎えるための使者が送られたという。

しかも大正9年といえば、天皇は前年の夏から体調を崩し「御発言に障碍《しょうがい》起り明晰を欠くこと偶々之あり」と発表された。そんな時期に前述の宮中某重大事件も起きていた。節子皇后としては実家のスキャンダルどころではない心境だったろう。

良致が帰国して、白人女性との関係をメディアにきっぱりと否定して武子と暮らし始めたため、この騒動は比較的早く沈静化した。だが、現代になって振り返ると、なんと多くの人々の尽力によってスキャンダルが抑え込まれたのだろうと感心する。

宮内省や良致の身元をイギリスで引き受けていた横浜正金銀行、武子の実家の西本願寺などの関係者が一致団結して火消しに走った。それがなかったら、皇室の権威は大いに傷ついていたともじゅうぶん考えられる。宮内大臣だった牧野伸顕の苦悩たるや推して知るべしだ。

ほんの短い期間でも天皇に縁続きの皇族や華族の間で、これだけ深刻な不祥事が起きていた。経済的な醜聞も不倫問題もあり、けして皇族や華族が清廉潔白な人々ばかりではなかったのがわかる。

また、大正時代は天皇の健康状態が万全ではなく、第一次世界大戦、スペイン風邪の流行、株価の大暴落、関東大震災などが続き、日本社会の土壌そのものが非常に脆弱《ぜいじゃく》だった。それなのに、皇族、華族は昔ながらの安穏な生活を求めて、危機意識が乏しかったように見える。

そして昭和の時代を迎えて、太平洋戦争の幕は切って落とされた。

皇族の「公」と「私」とは

私が今回の眞子さま問題の経過をずっとウオッチして来て感じたのは、想像していたより速い速度で皇室は変容しているということだった。

少なくとも日本人が皇室に抱いていたイメージは、いつの間にかすっかり違うものになってしまった。その原因へと思いを馳《は》せてみたい。

今までは、何が起きても「公」を優先するのが皇族だという固定観念があった。国民のために祈り、国民に寄り添う姿が当然のように期待されていた。たとえ間違った結果が出てしまったとしても、それは故意に下した判断ではないと国民は受け止めた。

その最たる例が先の大戦だった。天皇が了承をして太平洋戦争は始まった。率先して始めたわけではないのは周知の事実だ。しかし、それが国民に明かされるのは、ずっと後になってからである。

軍人だった男性皇族は全員が戦争に関わっている。その判断にぶれを見せた皇族など一人もいなかった。しかし、連戦連勝の戦績は長くは続かない。国民を待ち受けていたのはアメリカ軍による激しい焼夷弾の雨と原子爆弾の投下であり、敗戦であった。そのために梨本宮《なしもとのみや》守正《もりまさ》王は、戦犯として巣鴨に収監された。皇族でも、政治家や軍人、財閥などと、ほぼ同じ扱いを受けたのである。昭和天皇の生命さえも、誰にも予測がつかなかった。

多少の混乱はあったものの、日本の戦後処理は上陸したアメリカ兵が驚くほど整然と進められた。マッカーサー連合国軍最高司令官が就任した後では、武器を手に進駐軍の兵士に突進する日本人は皆無だった。終戦という天皇のご聖断を国民は驚異的なほど従順に受け入れた結果だ。

昭和21（1946）年2月から始まった天皇のご巡幸は昭和29（1954）年まで断続的に続いた。日本全国を訪れる天皇に、敗戦の恨み、怒りをぶつけるどころか、国民は熱狂的に出迎えた。戦後の復興に立ち上がる人々の心の拠《よ》り所となっていたといっても過言ではないだろう。占領軍の兵士たちはそれを不思議な思いで見つめた。国は敗れ、国土は疲弊し、国民は飢えている。それなのになぜ人々は天皇に石を投げないのか。それがアメリカ兵にとっては大きな謎だった。

これこそが、日本に千年以上続き、常に国民の尊崇《そんすう》の中心にあった天皇の持つ権威だったのではないか。占領下にあって社会の構造は様変わりし、政治の中心が占領軍に取って代わられた。それでも日本人は天皇を熱烈に愛して崇拝していた。

もちろん、天皇批判がまったく無かったわけではない。思想的に天皇の存在そのものを否定する政治家や学者やジャーナリストはいた。だが、それらは天皇制度の廃止を決定するほどの大きな社会的うねりにはならなかった。

前述のように、戦後は天皇とその弟3人の宮家だけを残して、他の11宮家は皇籍を離脱した。だからといって、多くの日本人が共有していた偉大なる昭和天皇というイメージが色褪《あ》せることはなかったのである。昭和天皇の崩御の際の日本全体を覆った悲しみと奇妙な興奮は、リアルタイムにその過程を経験した人なら覚えていることだろう。

いわゆる戦後という場合、人はどのくらいの期間を指すのであろうか。他国に占領されていた時代のことか。日本が昭和26（1951）年9月にサンフランシスコ講和条約を結ぶまでか。目覚ましい経済復興を遂げ、東京オリンピックが開催されるまでだろうか。あるいはバブル景気に沸くようになった昭和60年代まで戦後は続いたのか。

深い傷跡を残した戦争の記憶は、そうは簡単には消えなかったはずだ。昭和天皇の姿を見るたびに、国民は戦後の困難な時代を一緒に乗り越えた記憶を蘇らせた。だから、昭和天皇が崩御になった時、これで戦後も終わったと老人たちが何度も呟《つぶや》くのを聞いた。

あれから平成の時代を経て、令和が訪れた。

眞子さまの婚約内定から結婚決定に至る一連の騒動は、あらためて私たちに皇室とは何かを考えさせる機会となったのは間違いない。

私は団塊の世代に属する。物心ついた時から、天皇に対して批判的な言葉を耳にした覚えはなかった。戦争への憎悪や悔恨を口にする教師や家族は何人もいた。しかし、ひとたび、昭和天皇や香淳皇后の映像がテレビに流れると、大人たちはなんとも懐かしそうな笑顔を浮かべた。別に天皇を大絶賛するわけではない。宗教にもさして関心はなかった人たちが、ごく自然に天皇に対する好意を漂わせていた。

そして平成の御世《みよ》になると、マスコミが伝える両陛下の姿をテレビや週刊誌でたびたび見掛けた思い出が生々しい。美智子皇后は優しい慈母のような微笑みで、被災者や先の戦争の遺族たちに接していた。ほとんど神々しいとも表現出来る光景だ。

天皇もまた、常に柔らかい表情で、「あなたたちに寄り添っていますよ」というメッセージを発信してくれていた。

だから、私は安心して何の猜疑心《さいぎしん》も抱かず、ただただずっと皇室への尊敬の気持ちを温めていた。だが、ほんの少しずつだが子供時代からの認識が変化していったのは、ここ10年ほどの間だったと思う。

ある時にはっと気がついたのだ。世上にはマスコミが発信する大量の情報が溢《あふ》れている。だが、実際に私たちは皇族の方々の人柄や思想、嗜好《しこう》などをどこまで知っているのだろうか。普通に口にする公務という言葉は、何を指しているのだろう。メディアが撮影するから、公務だと思うのではないか。

そのように考えると、渦中の人である眞子さまについても写真や映像を見て、私たちは勝手なイメージを醸成していたのではないかという思いに辿り着く。

雅子皇后もまた、病気のために公務が一切出来ない期間があった。たまに報道される写真は硬い表情のものばかりだった。それが皇后になられた途端に飛びきりの笑顔を見せてくれるようになった。その振れ幅の大きさに私は戸惑った。

あれだけ長期にわたって療養生活を送ったわけである。それを案じる国民のためにも、主治医は病気について、詳しく説明してくれる義務があるのではないかと思った。

療養中も皇太子妃として、プライベートに海外旅行やディズニーランド訪問などを楽しむことはあった。それが病気の恢復《かいふく》につながるのであれば、批判の対象にはならない。むしろ、実際に何が可能で、どんな治療を受けているかを知ることが出来れば国民は安心したはずだ。共感も示しただろう。それは、昭和天皇が病気の時に詳しく病状を発表することで国民がさらに天皇に心を寄せるようになったのと同じ道理だ。

皇居における勤労奉仕団へのご会釈については、宮内庁のホームページでも「ご公務など ご会釈がある」と記されている。つまりご会釈は立派な公務だ。しかし、令和元年は163団体で4366人の参加者に対して、両陛下お揃いでのご会釈は一度もなかった。常に天皇だけである。令和2年はコロナ禍のため、51団体1311人と参加者は激減した。その中で皇后は一度だけ天皇と共に1団体16人にご会釈があった記録が残されている。

御所内の草取りや掃除のために各県から来る一般の人々はすべて自費で地方から馳せ参じるのだ。そして、両陛下と短い時間でも言葉を交わせることに感激して涙を流す人もいる。皇室を支えているのは華やかな諸外国のセレブたちではない。勤労奉仕団の人々のように、なんの見返りも求めずに黙々と広大な皇居の敷地内で働くような国民こそ皇室の支持基盤ではないだろうか。ただ、彼らはメディアの脚光を浴びないだけだと思う。

宮中における祭祀《さいし》は天皇にとって最も大切な行事といえよう。これ以外に憲法に書かれている国事行為、政府、官庁、都道府県、市町村等、行政体が願い出る行事への出席が公務である。コンサート、美術展、映画会、福祉のためのバザーへの出席は公務とは位置づけられない。しかし、私たちの目にはピアノを弾く上皇后も、コンサートに出席する眞子さま、佳子さまも、すべては公務の一端を果たされているように見えてしまう。

そんな中でメディアにニュースとして流れる美しい女性皇族の写真や映像は、人々の目を惹きつけた。誤解を恐れずに言えば、大衆の人気を最も集める絵柄である。その結果、人々の人気を集める女性皇族ばかりが目立つようになった。

そうした現象が皇室に起きたのは、やはり美智子上皇后が皇太子妃として華々しく登場した頃からであろう。まだ昭和30年から40年にかけて、日本は戦争の後遺症がいたるところに見られた。庶民の生活は質素なものだった。そこへ美貌の皇太子妃が颯爽《さっそう》としたデザイナーズ・ファッションで団地を視察したり、海外へと出掛けた。マスコミがスーパースターの出現に沸いたのは当然である。

女性週刊誌は毎週のように美智子妃、後には美智子皇后の写真を掲載するようになった。美智子さまの写真が出ないと売れ行きが落ちるという話を聞いたこともある。

次第に日本のメディアは女性皇族を芸能人と同じように扱うことに慣れていった。それに違和感を覚える人も多かっただろう。女性皇族に派手なパフォーマンスは不要だ。大衆の人気を気にするようになったら皇室の権威は失墜する。

今は亡き三笠宮家の寬仁《ともひと》殿下が次のように語ったことがある。

「皇族を、TV、新聞、雑誌、などで聴いて、見て、読んだだけで、本体を知らずして、かつ本人の地声や意見も聞いていない状況で、○×式に皇室制度の是非を問われたらたまりませんから」

「——メディアを通じて国民が皇室を識《し》るということは、あくまでも『最善の策』ではなく『次善の策』ということが原点であることをご理解ください」

これらは、眞子さま問題が起きる12年以上前の寬仁殿下の発言である。すでに、国民の間では皇室の動静がエンターテインメント化される危険を察知しておられたのだろう。

現在はスマホによる動画や録音もあり、メディアの報道はさらに多彩になった。

眞子さま問題は、結婚（降嫁）と海外移住でいったんは決着がつくとしても、まだまだ第二幕、第三幕が控えているような気がする。また、愛子天皇待望論などとさかんに書き立てるメディアもあって、女性宮家や女性天皇の是非は議論がさらに活性化されるだろう。

そうなると女性皇族の道は険しいというよりも危ないものになる予感がする。もちろん、126代も続いて来た天皇の歴史が簡単に消滅するとは考えにくい。だが、明治維新以降に出現した近代皇室が、別の様相を呈する可能性はじゅうぶんにある。

だからこそ、今一度、近代皇室の基礎を築いた貞明《ていめい》（節子）皇后の生涯を振り返ってみたかった。貞明皇后は明治時代に生まれた女性であるが、その体内には藤原氏から続く長い歴史が糸のように途切れずに流れていた。継続することの意味を最もよく承知していた貞明皇后だからこそ、なんとしても皇室の文化を守りたいと願ったのだろう。

しかも、皇族の縁組に関しては、貞明皇后の判断力はまことに優れていた。段取りや人選には特異な才能を見せている。

やがて、あと50年もたてば、この前代未聞の眞子さま騒動の真相がすべて明らかになる日が来るだろう。

縁談というのは、いつの時代も女性が重要な役割を果たして来た。それはほとんどの場合は家と家との関係性から成立したからだ。家の中を取り仕切るのは、ずっと女性の仕事だったのである。今回もまた、眞子さまの問題がこれだけこじれたのは、責任を取る覚悟の女性皇族が、大家族とも形容できる皇室内にいなかったからではないだろうか。誰かが真剣に事態の収拾に取り組んで、宮内庁に適切な指示を出していたら、ここまで非難の大合戦をマスコミが繰り広げることはなかっただろう。

たまたま眞子さまの結婚問題で顕在化しただけで、皇室はすでに大いなる変貌を遂げてしまっている。もちろん、簡単に一般家庭と同じようになるとは到底言えない。しかし、貞明皇后の時代から変わらぬ佇《たたず》まいを女性皇族に求めるのは、儚《はかな》い幻想というものであろうと私も覚醒した次第である。

第1章
節度

1 武蔵陵墓地

貞明皇后の崩御

東京・新宿から甲州街道（国道20号線）を西に下って八王子市高尾の手前まで行くと、「多摩御陵入口」という交差点がある。右折してしばらく緩い坂を上り詰めると鬱蒼《うっそう》とした森に囲まれた武蔵陵墓地正門が見えるのに気がつく。

ここは皇室の墓地で、大正天皇、貞明《ていめい》皇后、昭和天皇、香淳《こうじゅん》皇后の各陵墓が造営されており、四つの墳墓はいずれも上円下方という陵形だ。武蔵陵墓地の広大な森は「多摩陵《たまのみささぎ》」と「武蔵野陵《むさしののみささぎ》」とに区分されており、「多摩陵」には大正天皇が、そのすぐ東側にある「多摩東陵《たまのひがしのみささぎ》」と呼ばれる陵墓に貞明皇后が祀《まつ》られている。また、昭和天皇は「武蔵野陵」に、香淳皇后はやはりそのすぐ東隣りの「武蔵野東陵《むさしののひがしのみささぎ》」と呼ばれる陵墓にそれぞれ祀られている。天皇・皇后の命日には、陵墓および宮中三殿において例祭が行われ、これが亡き天皇・

皇后を追慕するための慣例となっている祭祀だ。

令和元年12月、新たに天皇、皇后となられた両陛下は、皇位継承に伴う一連の国事行為や大嘗祭《だいじょうさい》を終えたことを、この武蔵陵墓地で大正天皇と昭和天皇に報告をする親謁《しんえつ》の儀に臨まれた。多くの市民が沿道でお二人を歓迎して日の丸の小旗を振る映像が報じられたのはまだ記憶に新しい。

武蔵陵墓地。左から多摩陵（大正天皇）、多摩東陵（貞明皇后）、武蔵野陵（昭和天皇）、武蔵野東陵（香淳皇后）

貞明皇后が崩御したのは昭和26（1951）年5月17日のことだった。その日までの約25年半の間は「皇太后」であり、「貞明皇后」は同年6月7日におくられた追号《ついごう》である。

5月17日、昭和天皇は皇居内の花蔭《かいん》亭で歴史学者の家永三郎から親鸞についての進講を受けていた。母宮の危篤の報《しら》せはあまりに突然のことで、天皇は驚愕し、身支度を整え皇后と共に赤坂御用地内にある大宮御所に向かった。

急を告げる大宮御所からの電話を受けた三谷隆信侍従長が天皇に危篤の第一報を耳打ちしたのが

午後4時5分である。両陛下は急遽《きゅうきょ》、4時47分大宮御所へ向かい、同55分には到着したが崩御には間に合わず、ご遺体との対面となった。

高松宮夫妻、三笠宮夫妻、さらに御殿場で療養中だった秩父宮を残した同妃も追って駆けつけた。発作が起きてからわずか40分後、午後4時10分に崩御。「大宮さま」として親しまれた皇太后は、その波乱に満ちた66年10カ月の生涯を閉じたのである。

この日は朝からやや早めの梅雨模様となり、うっとうしい空が広がっていた。皇太后が住む大宮御所は昭和20年5月25日の山の手大空襲の際に、ほとんどが消失してしまった。再建が進んで御所のしつらえは整ってはいるものの、瓦礫《がれき》の始末は当時のまま放置されている。荒廃した大宮御所には全国から勤労奉仕の人々が集まって清掃作業をしていた。この習慣は現在まで続いている。

その日も皇太后は作業を終え玄関先に集まっていた愛知県幡豆《はず》郡西尾町（現・西尾市）と富山県高岡市からの奉仕団に、いつものようにモンペ姿でねぎらいの言葉を掛け、時には彼らの生まれ故郷の話なども聞くのを楽しみにしていた。

洋装姿の貞明皇后

倒れてからわずか40分での崩御

ちょうどその時刻が近づいた頃だった。午後3時半と宮内庁書陵部の記録にはある。御所言葉で「よそよそ」あるいは「御東所《おとうしょ》」と呼ばれるお手洗いに入った皇太后が、激しい心臓発作に襲われ倒れたのだ。お手洗いは手を洗うための手水《ちょうず》の間と、トイレの2カ所に仕切られており、皇太后が使用するときは二人の女官が必ずお供をするのがしきたりだった。ただならぬ物音に手水の間で控えていた女官が駆け寄ると、皇太后は懸命に立ち上がろうとしていた。廊下に控えていた典侍の清水谷英子《しみずだにはなこ》が背負って寝室へ運ぼうとすると、気丈な皇太后はそれを断り、肩にもたれて歩いた。清水谷は事実上は皇太后の女官長といえる役目を担っていた。参殿していた侍医の小原辰三《おはらたつぞう》が直ちに応急措置を施したがすでに手遅れだった。突然の悲報を宮内庁が発表したのは、同日午後6時54分。

この日、毎日新聞の号外は次のように伝えている。

「皇太后陛下には大宮御所において本日午後三時半、狭心症御発病、直ちに御手当を申しあげましたが同四時十分崩御あそばされました」

あまりに急な崩御だったため宮中はもとより、宮内庁もメディアも情報が入り乱れたという。いくつかの記録を見ても皇太后がなぜいきなり狭心症になったのかや、お手洗いで倒れたという事実が公表されなかったためもあり、一部に無用な混乱があったようだ。宮内庁の公式発表はあくまでも「大宮御所において」であって「お手洗い」や「お便所」などとは言わない。宮中では「御東所」は不浄な場所であって、皇太后が倒れたまま手水も使わずに亡くなったとは言えなかったからだともされる。

その慌てぶりは天皇・皇后も同じだった。主婦の友社編による『貞明皇后』（昭和46〈1971〉年）は知らせを聞いた瞬間の天皇について述べている。

「側近が入ってきて、天皇にそっと耳打ちした。天皇は愕然《がくぜん》とされた様子で、急に立ち上がって、そのまま中座なさった。その場に居合わせた学者の一人は、これはてっきり第三次大戦が勃発したのにちがいないと直感したほどだったと、後で語っていた」

また、当時侍従職にあった入江相政《すけまさ》は自身の日記にこう記した。

「二時から歴史の進講第三回、家永君の親鸞。四時過に女官長が侍従長を呼び出し、侍従長はお上にすぐ入御を願ふ。何事かと思つたら大宮様が狭心症の発作でおたふれになつた由。驚き入つた事である。両陛下四時四十七分に御文庫発御、大宮御所に行幸行啓」（『入江相政日記』）

当日の良子《ながこ》皇后は朝から貧血の症状があって、一切の行事への出席を取りやめ休んでいた。危篤の第一報を受けてから出発までに40分かかった計算になるが、体調不良だった皇后の支度にかなりの時間を要したものと思われる。平成26年に宮内庁書陵部から発表された『昭和天皇実録』でも、この5月17日には多くの字数を割いている。関連部分を抄出してみよう。

「十七日　木曜日（中略）午後三時三十分、皇太后は大宮御所において突然狭心症の発作に見舞われ、皇太后宮侍医小原辰三の応急措置を受けられるが、四時十分、崩御される。御歳六十六。（中略）天皇は（中略）同四十七分皇后と共に御出門、大宮御所に行幸され、皇太后の御尊骸と御対面になる。ついで小原皇太后宮侍医より崩御の御様子をお聞きになり、また宮内庁長官田島道治より崩御の発表振りにつき言上を受けられ、御聴許になる。八時三十分、御文庫に還幸され、長官以下総代よりお悔やみの言上を皇后と共にお受けになる。（中略）連合国最高司令官マシュー・バンカー・リッジウェイ及び同夫人よりも弔詞が寄せられる」

臣籍降下——皇族に走る激震

これまで日本の経済復興に国民が勤《いそ》しんだ結果、極度な食糧難からは徐々に脱出しつつあったものの、この時代はまだ戦後の影を色濃く残していた。それでも、形だけにせよ日本が主権回復をするのはそれから間もなくのこととなる。昭和26（1951）年9月8日、サンフランシスコ講和条約が締結され、翌年4月28日に発効し、連合国軍最高司令官総司令部（GHQ）が廃止された。敗戦のにおいがやや薄まってゆく。

物価の移り変わりも時代を反映していた。ちなみに昭和26年大卒の公務員の初任給が5500円、ラーメンが30円、煙草《たばこ》の「ピース」が40円くらいだった（『続・値段の明治大正昭和風俗史』)。庶民の暮らしぶりがうかがえる値段だが、一方でかつての皇族方の暮らしぶりにも敗戦は大きな影を落としていた。

昭和22(1947)年10月14日、GHQによる圧力から11宮家の皇籍離脱が施行され、51人の皇族が民間に下り、「平民」となった。残った皇族は皇太后を含む天皇家と秩父宮、高松宮、三笠宮の直宮《じきみや》三家のみと大幅に縮小され、今日に至っている。皇籍離脱(あるいは臣籍降下)の日に梨本宮伊都子《いつこ》妃が残した言葉を、皇室史専門家である小田部雄次が編んだ日記から引いてみよう。

梨本宮守正王(左)と、伊都子妃(右)〈昭和12(1937)年5月14日〉

「一〇月一四日、臣籍降下。昨十三日午後、皇室会議開かれ、いよ〱本日より十一宮家は一平民となる事になったに付、区役所へ戸籍を届出、其他、手続きをする。むろん、配給、其他も一般市民と同じになった。

前には一時賜金も、それ〲出る事になり、国会にて通過したけれども、司令部の方から、元軍人であった御方には与へてはいかぬといふ事になったので、御子様、女等だけの分がわたされる事になって、あとは何とかして、極々秘密にしてわたされるとかいふ事になった」
（『梨本宮伊都子妃の日記』）

伊都子妃の夫は元陸軍大将で元帥にまで進んだ梨本宮守正《もりまさ》王である。貞明皇后の崩御と同じ昭和26年の1月に亡くなっていた。A級戦犯にも指名された宮には支給金がなかった。さらに長女・方子《まさこ》が朝鮮王朝最後の皇太子李垠《りぎん》に嫁していたための苦労も重なっていた。こうした戦後の転換期にあって伊都子妃の日常はかなりの激変を伴った。前年11月29日、天皇から直々《じきじき》にやがて臣籍降下になるとの言葉を受けた際、彼女はすでにそれを察知していたのだろう。

天皇はやや悲痛な声で「実に申しにくき事なれども、何とぞこの深き事情を御くみとり被《くだ》下《され》度《た》い」と言われ、さらに言葉を継いで「其他に次《つい》ても、身をつゝしみ、貴賓ある御生活をしていたゞき度い。出来るだけの御補助はいたすつもりである」と仰せられたと伊都子妃は述べている（同）。

思うにこのときの昭和天皇の発言の真意は、たとえ臣籍降下しても、いつの日にか再び自分を助けてくれる日が来るまで品位を保った生活をしてほしい、そのためにはできる限りの援助をしたい、ということではなかったろうか。「身をつゝしみ、貴賓ある御生活をしていたゞき度い」とは、万が一にも皇位継承が途絶えるような危機が来る日に備えて、皇族らしい生活を維持してもらうことを望むという含蓄があったかともうかがえる。

「それではご維新前と同じに」

こうして皇室が存亡の危機に直面したとき、皇太后はある固い決意を胸に秘めていたかのような言葉を残している。宮内次官加藤進が皇太后に、「皇室や直宮さまのお身分にはお変わりないと思うが、皇族の宮さまがたのお扱いは、今のところどうなるかわかりません」と言上したのに対して、皇太后は毅然《きぜん》とした口ぶりでこう答えている。「それではご維新前と同じことになると考えればよろしいのですね」（『貞明皇后』主婦の友社編）

瞬時に皇太后はどんな苦労にも耐えてゆくのだ、との覚悟を示した。なぜなら、維新時の宮家は有栖川宮《ありすがわのみや》家、伏見宮《ふしみのみや》家、桂宮《かつらのみや》家、閑院宮《かんいんのみや》家の四親王家だけだったからである。そこから日本の国力を反映させるかのように皇族の人数は増え、生活も豪奢《ごうしゃ》になっていった。国民の皇族に寄せる強い憧憬《しょうけい》や尊崇の念はひたすらに高まった。その末に迎えた敗戦だったのである。明治維新の前に戻ればよいだけだという貞明皇后の言葉の真の意味はどこにあったのだろう。「ご維新前と同じ」に戻った皇室は、戦後の長い歳月の間にどのような変化を遂げたのだろうか。果たしてそれは貞明皇后の思いに適《かな》う姿だったのか。

貞明皇后は皇室について、開くべきところは開き、閉じるべきところは閉じると考えてい

節子皇太后の御大葬の様子。沿道には多くの人がつめかけた〈昭和26（1951）年6月22日〉

たように思う。メディアが発達した現在、皇室のあれこれが情報として流れるのが常になっており、皇族が好奇の目にさらされることもある。そんな中、「開く」「閉じる」のバランスをどうとらえるべきであろうか。今こそ精緻な解析が問われている時ではないかと思う。皇室とは私たち国民にとってどんな存在なのかを考える上で、貞明皇后の生き方、あり方をあらためて辿ってみたい。

崩御から36日後の6月22日午前、大葬儀が豊島岡《としまがおか》で執り行われた。ご遺体は八王子の多摩東陵に埋葬され、貞明皇后はそこで静かに眠っている。

2 祈りを捧げる

自己を律する日々

15歳で皇太子妃となって以降、貞明皇后の厳しく自己を律する日々は始まった。とりわけ大正天皇が崩御した後は、外面からもはっきりと、それがうかがえるようになった。思えば、42歳という年齢で皇太后となったのである。まだ若い摂政宮《せっしょうのみや》（後の昭和天皇）の後見役のような立場を担わざるを得なくなった。

お召し物が一段と質素になった、と語るのは昭和天皇の弟宮、三笠宮崇仁《たかひと》殿下と百合子妃である。三笠宮殿下は大正天皇の第四皇子として大正４（１９１５）年12月２日に誕生した。その三笠宮殿下が１００歳と10カ月という長寿をまっとうして逝去されたのは平成28（２０１６）年10月27日であった。

私はその10年前、平成18年夏から翌年の春先にかけて、毎月宮邸を訪ね、長時間のインタビューをさせていただく機会を得た。それは、貞明皇后の人となりを知り、記録に残しておきたいと考えたからだった。近代皇室における宮中の女性の立場について、新たな基礎を築いたのは貞明皇后である。昭憲《しょうけん》皇太后から継承した理念を、さらに明確にする改革を目指したのだ。

ご結婚70年を迎えられたときの三笠宮両殿下〈平成23（2011）年10月19日〉（宮内庁提供）

　インタビューには三笠宮殿下と共に百合子妃殿下も同席された。またときには長女の近衛《このえ》甯子《やすこ》さま（夫は日本赤十字社名誉社長・近衛忠煇《ただてる》氏）もご一緒で、貞明皇后とその時代にまつわる幾多のお話を伺った。三笠宮殿下はその間に満91歳の誕生日を迎えられたが、発声も明瞭、頭脳明晰、記憶力も抜群とすこぶるお元気だった。面立ちは貞明皇后にお似ましで、才気煥発《かんぱつ》なお話しぶりは、いやがうえにも在りし日の母宮の姿を彷彿《ほうふつ》させた。

　三笠宮ご夫妻はこの時のインタビューを除いて、その後は一切メディアの取材を受けておらず、昭和史に関わる最後の貴重なご発言といって差し支えないだろう。その際に伺った思い出の一端に、大正天皇崩御後から貞明皇后の「お召し物も一段と質素になった」ことがあるのだ。

――大宮さま（貞明皇后）は大変ご質素な方で、ご自分では贅沢《ぜいたく》なお洋服などお召しにならないと伺いますが。

妃殿下 本当に今思いますとね、小さなブローチをお一つあそばすくらいで。それから幅広の金のかまぼこのお指輪をあそばしていらっしゃいました。左の薬指にね。天長節とか、ご自分の6月25日のご誕辰《たんしん》とか、そういうおめでたい時には真珠とダイヤの入ったお指輪をあそばしておられましたけれど、それはもう今思えばご質素で。

殿下 特に大正天皇が崩御になってからはご質素でした。

妃殿下 そうですね。皇太后陛下におなりあそばしてからでしょうけれども、絶対に紫か黒以外の色は召されませんでした。それで、御影殿《みえでん》という拝殿が造られてからは、毎朝そこで大正天皇さまがいますがごとくお座りになったままご礼拝を欠かされなかったわけです。

神道に心を寄せ法華経に帰依

皇太后宮大夫の入江為守《ためもり》は歌人としても名を成していたが、大和絵にも長《た》けていた。その為守が描いた在りし日の大正天皇の肖像が御影殿に掛けられていた。為守の三男が昭和天皇の侍従職にあった相政で、相政もまた風雅を好む粋人だった。ちなみに相政は歌人の柳原《やなぎわら》白蓮《びゃくれん》の甥《おい》であり、三笠宮百合子妃は相政の姪《めい》にあたる。

為守の描く大正天皇はまるで生きているように見えた。貞明皇后は来る日も来る日も朝夕、その前にぬかずいて礼拝するのだった。

「この時、大宮さまはお畳の上に端座していられた。御影殿の外のコンクリートの床の、しかも風の吹きさらしの場でのご遙拝なので、おしとね（引用者注・座布団）も、お用いにならなかった。大宮さまはじかに端座して、四方の神々を拝された」（『貞明皇后』主婦の友社編）

亡き大正天皇の絵に向かって遥拝する日々とともに、皇后は以前にもまして神仏への帰依と真剣に向き合うようになっていた。神は神道の神髄に迫るものであり、仏は法華経への深い信仰であった。

貞明皇后が神道、なかでも古神道の本質に向かおうとしたのは大正３（１９１４）年あたりからだ。皇后は法学者で神道思想家の筧克彦《かけい》の著作に注目していた。その筧が、代表作とされる『神あそび　やまとばたらき』『神ながらの道』を著したのが大正13年から14年にかけてのことで、皇后は度々御用邸に招いて進講を受けた。「神ながら」とは「神がおわすままに」という意味だ。筧が説く、天皇と国体は神代ながらに不二であるという学説、つまり皇国史観と言われた神道学説に皇后はより関心を寄せるようになる。

筧は、古神道学者である菱沼理弌《りいち》との共著『皇國運動』において「皇国運動《やまとばたらき》」という神代のままの体操を編み出し普及させたのだが、皇后もまたその体操を実践していた。時代背景からいって、皇后が神道の神髄に心を寄せるのは特別に奇異なことではなかった。天皇は現《あら》人神《ひとがみ》だという観念は、広く一般にまで浸透していたのである。

大正期に発展したいわゆる大正デモクラシー運動とそれに伴う新たな婦人運動は西洋から入ってくる進歩的女性の波であり、今日でいえば一種のジェンダーフリーの活動であった。それに対して古代、神代から女性のあり方は普遍であるとするのが筧や貞明皇后の考え方だった。これは、皇室が近代とどう向かい合うか、残すべきもの、伝えるべきものは何かを問う重大な基点でもあった。

法華経に皇后が帰依するようになったのは大正末期のことで、天皇の病状が悪化し始めた頃である。長い間「御不例」とされてきた大正天皇は大正15（1926）年12月25日午前1時25分、47年の生涯を閉じた。その「御舟入り」（納棺）の際、皇后は法華経に従ったしきたりを取り入れている。

侍医頭の入澤達吉は、葉山御用邸附属邸で大正天皇の崩御に立ち会い、12月26日の日記にその模様を残した。

「皇后宮の御自身の御所願にて『南無妙法蓮華経』の文字を一枚の紙に四十八個認めたるもの（或は木印にて捺したるもの）多数を造る。予も一枚を書きたり。（中略）夕刻五時過より御舟入の式あり。（中略）中に御白衣（羽二重）のままにて御移し参らせ『綿と燈芯と茶』を入れたる五寸四方斗りの袋詰を多数に御棺に納む。且つ氷袋を多数入れる」（「大正天皇御臨終記」『文藝春秋』昭和28年1月号）

御舟入りの儀式に見る神仏習合

「南無妙法蓮華経」と書いた紙を棺《ひつぎ》にたくさん入れたという逸話は、私もかつて三笠宮邸で、貞明皇后の御舟入りにまつわる思い出を伺った時に耳にした。まさしく神仏習合の典型的な場面だと感じ入ったものだ。先述した三笠宮両殿下へのインタビューの日は、両殿下に加えて、長女の近衛甯子さまが同席された。甯子さまは昭和19（1944）年4月生まれなので、貞明皇后崩御の際には7歳である。

近衛甯子さま　お隠れになってから御舟入りの時に、みんなで「南無妙法蓮華経、南無阿弥陀仏」って紙に書いてお入れするのですが、そこのところだけよく覚えているんです。そういう作業を皆さんがなさっているその部屋の場面をね。

妃殿下（宮邸の応接間を見渡されて）このくらいの広さのお部屋だったかしら。

甯子さま　半紙をね、こう2、3センチくらいに切って、長さはだいたい10センチほどかしら。

殿下　私ももちろんで、全員が書いてそれをねじって入れるんです。

妃殿下　みんなで時間がちょっとでも空きますと、そこに硯《すずり》が置いてあって書きました。「南無妙法蓮華経」でも「南無阿弥陀仏」でもいいということで、それをぎゅっとおひねりにして。それをいっぱい書きためますとひとつのクッションみたいになりますでしょ。それをお棺にお詰めするわけですね。全員でね。女官たちもみんな出て参りまして、墨と筆で書きます。

甯子さま　こちらは平仮名で書いたと思うのですが、その様子がなんだか記憶に残っているんですが、それから後で高松宮様の時でしたかしら、殿下がお隠れの時にやっぱりそういうことを御殿でやったので、そうあそばすみたいでして、私は秩父宮妃殿下やほかの方に教えていただきました。

殿下　とにかく女官から誰から、手の空いている人は全員書いて、甯子はまだあまり字も書けない頃だったけれど、平仮名でね。

田母沢御用邸で静養中の大正天皇を訪問されたご兄弟。左から、昭和天皇、三笠宮殿下、高松宮殿下、秩父宮殿下。三笠宮殿下は5歳〈大正10（1921）年9月5日〉（宮内省提供）

明治維新以降、廃仏毀釈《きしゃく》が徹底され、仏教色がほとんど薄められた時代が確かにあった。貞明皇后はその廃仏毀釈を毅然として乗り越えたといえよう。もともと日本の社会で、神も仏も同じく崇《あが》める気持ちが持続されてきたからである。

貞明皇后は多くの局面で良いことと悪いこと、残すものと残さないもの、といった決断をきっぱりとされる方だった。ひとつの例として、三笠宮殿下が幼い時分に母宮から言われた厳しい決まりごとについて語ってくれた逸話がある。幼年期の澄宮《すみのみや》時代のことだった。母宮から普段はあまり厳しく叱られるようなことはなかったが、おもちゃを庭に投げたときはきつぱりと叱られたという。

自らの孤独な覚悟を見すえて

殿下　私が日光の田母沢《たもざわ》御用邸でいろんな物を窓から外へ放り投げたらしいですね。「投げてよきもの」「投げてはいけないもの」「本当に投げてもいいもの」なんていうふうに。きっぱり分ける方なんです。枕のようなものは投げてよきもので、硬いものは投げてはいけないと。

妃殿下　そういう決まりがわら半紙に書かれていたのです。貞明さまご自身のお手でね。

もちろんこの話は幼い子供への躾《しつけ》のことではあるが、それにしても貞明皇后の性格をよく表している。皇后はやるべきことと、やってはいけないことの峻別《しゅんべつ》をする方だ。

とりわけ貞明皇后が固執したのは皇室の伝統と慣習ではないだろうか。これだけははっきりさせておきたい——そうした意思がうかがえるのが、昭和26(1951)年年頭の歌会始に詠んだ御歌である。貞明皇后が崩御する約5カ月前だ。

三笠宮殿下が、幼い頃窓から物を投げたと話された田母沢御用邸。自然の地形を生かした庭園が特徴だ

「このねぬる朝けの空に光ありのぼる日かげはまだ見えねども」


私にはこの一首に、ある強い意思が密かに託されているように感じられてならない。この年、前項で述べたように、くしくも9月にはサンフランシスコ講和条約が締結される。確かにわが国が占領国家から一歩前進、すなわち「光」が「のぼる」はずの年である。しかし、本当の「日かげ」つまり日差しはまだこれからだ、という意味を含んでいる。

たとえば著名な歌人・佐々木信綱の解釈によればこの歌は「今年こそ講和の締結といふ希望が、国民の心の隅々にまで浸透してゐる昭和二十六年の初頭にあたつて、（中略）日はいまだ昇らぬけれども、日の出の時は間近い。その光明が、すでに東天にあらはれてをる、と詠ませられたもの」（『貞明皇后　その御歌と御詩の世界』西川泰彦）と紹介されている。

けれども私には結びの「まだ見えねども」は、「いまだ昇らぬけれども、日の出の時は間近い」ではなく、日の兆しはいまだ見えないとして、さらにそこには「講和が成っても、皇室の伝統が守られる日はまだそう簡単には来そうにない」という不安感が潜んでいるのではないかと思われる。

貞明皇后が神道のみならずあらゆる宗教に寛大だったという話は三笠宮殿下からもしばしば伺った。つまり、皇室というものは一種の信仰であって、近代の科学や理論だけでは解決できない奥深いものだという意味であろう。貞明皇后は、皇室をめぐる環境が急速に近代化されることによって、自らが孤独な覚悟を強いられる日が来ると知っていたのではないだろうか。

3　労う側に立つ

貞明皇后の横顔

こんな声が聞かれることがある。貞明皇后があらゆる局面において、あまりに完璧であろうとするため、昭和天皇をはじめとする他の皇族方は、気の休まる暇がなかったのではないか。あるいは、貞明皇后はおそろしく野心的で、実は自身が皇室における主導権を握ろうとしていたのではといった見解だ。

だが、どんな立場の人も同じであろう。貞明皇后もまた多面体と形容するのがふさわしい数々の横顔があった。

とかく公式の場での毅然とした姿勢ばかりが世に伝わっているが、ごく優しい「おばば様」の表情もある。さらには母親としての深い思慮も備えていたと教えてくれたのは三笠宮両殿下と長女の近衞甯子さまだった。前項同様、平成18（2006）年に行った両殿下と甯子さまへのインタビューからお言葉を引いてみたい。

近衛甯子さま　今、思い出したんですけど、私が生まれるとき、母がおばば様に最後にお会いしたら、「女の子でもがっかりしないでね」とおっしゃったって。

妃殿下　戦時中ですから周囲の職員などにはみんな男の子がいいと思われておりましたね。いよいよ空襲警報が頻繁に出るようになったので、沼津の御用邸の東附属邸を拝借しまして甯子を産むことになったんです。ご挨拶《あいさつ》に大宮御所へうかがうと、「俗に一姫二太郎といいますから、お姫さんがお生まれになっても落胆なさらないようにね」っておっしゃられたんです。

殿下　ちょうど干支《えと》が一緒で、生まれ変わりのようだといって喜ばれた。

妃殿下　それでね、御所の宮様方のことは不思議なもので、ご自分のお孫さんとはお思いにならないんですよ。陛下のお子様としてお遇《もてな》しになるんでしょう。

——なるほど、貞明さまとしても天皇、皇后ご一家とはちょっと距離をおかれたのでしょうか。

妃殿下　甯子が初めてのお孫さんという感じですね。秩父宮さまと高松宮さまのところにはお子様がおいでになりませんでしたから。甯子を大宮御所へ連れて参りますと、人見知りをしない活発な子だったものですから、大変お気に入りで、甯子の方も、「おばば様、おばば

昭和天皇ご一家。左から、孝宮さま（後の鷹司和子さん）、香淳皇后に抱かれる義宮さま（後の常陸宮さま）、香淳皇后、順宮さま（後の池田厚子さん）、昭和天皇、皇太子（上皇陛下）、照宮さま（後の東久邇成子さん）〈昭和11（1936）年3月30日〉（宮内省提供）

様」ってもう大変でした。

甯子さま おままごとなんかをご一緒に遊んでいただいたのね。天皇家はちょっとお別でいらっしゃるのね。島津（貴子）さまなどにうかがっても、そういうことはあまりあそばしてなかったみたいですね。

昭和天皇と良子皇后（香淳皇后）の間には7人の皇子女が生まれている。成子《しげこ》内親王、祐子《さちこ》内親王（夭折《ようせつ》）、和子《かずこ》内親王、厚子《あつこ》内親王、明仁《あきひと》親王、正仁《まさひと》親王、貴子《たかこ》内親王である。孫は等しく可愛くて仕方がないものだとよく言われる。だが、天皇家となると貞明皇后にも一定の「ご遠慮」があったようだ。一番若い貴子内親王（島津貴子さま）が昭和14（1939）年生まれなので、ほかの方々は、ほぼすべてが天皇にとって多事多難な激動の昭和初期に生まれ育った。そうなると、孫への接し方も皇太后という立場と無関係ではなかったはずだ。

さらに戦前の天皇は、大元帥として陸海軍を統帥し、戦争指導をする地位にあった。したがって、一般の家庭とは家族の間の距離感がまったく違っていた。昭和天皇には、母親である貞明皇后に対してと同様、兄弟の間にもはっきりとした区別がある。そして、平時と違う戦争末期は何かと難しい人間模様となったのではないか。

孤独で、寂しかった昭和天皇

殿下　そこが一番難しいところかもしれません。おっしゃるように日本陸軍と海軍の最高統帥者は大元帥である天皇でした。天皇は大日本帝国憲法によって日本を統治したのですが、この憲法のモデルがドイツ帝国の憲法だったことは注目すべきことです。ドイツ帝国は、絶対主義的なプロイセン王国が中核となって成立した国家です。昭和に入って西園寺公望《さいおんじきんもち》が中心になって、元老として天皇にアドバイスするようになりましたね。西園寺はイギリス式の「君臨すれども統治せず」といった天皇をイメージした立憲君主制を目指すように見受けられました。その結果、昭和天皇は基本的には絶対主義的なドイツ式憲法に準拠しながら、実際にはイギリス式に変容せざるを得ないという大きな矛盾を抱えてしまわれたのではないでしょうか。

だからこそ、戦争末期における貞明皇后の苦悩は深かったのだと理解できる。4人の親王（昭和天皇、秩父宮、高松宮、三笠宮）もそれぞれ成人していた。皇族として、また軍人として、天皇と意見の相違もあった。

――高松宮さまは戦争全体の終結に関するようなことを積極的に申し上げておられたようですが。

殿下 そういう話を聞きました。高松宮は海軍軍令部勤務でしたし、戦争指導のことについての高松宮自身の意見も昭和天皇にお話ししたんで、ご機嫌があまりよろしくなかった、ということです。昭和天皇と私とは私的には兄弟に違いありませんが、公的には君臣でもあり、大元帥と一少佐という関係でもありました。公私を峻別される方でしたから、結果的には孤独で、寂しかったと推察します。それを紛らわす唯一の道が、生物学の研究だったのではないでしょうか。

弟宮が語る「孤独で、寂しかった」昭和天皇の姿からは、その背後に佇む貞明皇后の苦悩もまたうかがい知ることができる。

戦前、戦中、戦後を通じての貞明皇后の心情を考えると、まずは大正天皇の后としての責任感、その後は昭和天皇の母宮としての覚悟を示すことに立ち位置を定めたと思われる。すべての時代を通して言えるのは「労《ねぎら》われる側」から「労う側」への変容ではなかったか。その「労う側」へ立つための修練が、皇太子妃の時代に培われた。

まずは、天皇一家を支えるのが最も重要な役割である。4人の親王の母宮として、その育成に心血を注ぐのはもちろんだが、病弱な大正天皇に尽くすのが、とにかく最重要課題だった。そこには当然ながら政治、経済、文化といった各方面への目配りがあった。

無名の人々にこそ寄り添う

だが、その先に見据えていたのは、社会において、華やかな脚光を浴びることのない人々に対するシンパシーだった。皇族にしかできない福祉や慈善活動について考え、常に心を砕いた。

貞明皇后が逝去した当日、最も楽しみにしていたのが勤労奉仕団へのご会釈だった。全国各地から除草や清掃のために訪れる奉仕隊員たちに直接会って労いの言葉を掛ける。その前日の夜には分県地図で、挨拶をする人々の出身地に丸印をつけた。それから、その地方の歴史、地理、産業などについて調査をしておく。だから、いつも午前2時近くまで参考書をひもといていたという。

翌日になると奉仕隊員たちは、貞明皇后が気さくに声を掛けてくれて、自分たちの生まれ故郷についての知識も豊富なのにびっくりする。この時代であるから、マスコミの報道を通じて、国民が皇后のなさりようを事前に知る由もない。せいぜい遠くから一礼できたらと思っていたからだ。しかし、貞明皇后はおざなりの会釈ではすませない。農業の作柄について質問したり、戦没者の遺族がいれば彼らの暮らしぶりについてしみじみと尋ねたりした。

こうした貞明皇后の流儀は、「国民に寄り添う」ことを超えるものであった。常に希望していた国民との意思の疎通が、戦後になってようやく叶ったことに対する素直な喜びの表れだった。貞明皇后にとっての国民とは、政治家や官僚、宮内庁の役人、あるいは財界人たちだけではなかった。農村や漁村、そして都会の片隅に暮らす無名の質朴な人々こそが、常に寄り添いたい国民だったのである。

だからこそ、戦前から国民が困難に直面した場合の行動は素早かった。とりわけ関東大震災の時の動きは際立っていた。

大正12（1923）年9月1日の正午近くに関東地方を大地震が襲った。東京とその近隣の地域の被害は甚大で、実に死者・行方不明者は10万5000人以上といわれる。その多くが火災による死者だったのは今でもよく知られている。

学習院初等科の2年生だった三笠宮殿下は、天皇、皇后と共に日光に滞在していた。その日の記憶はきわめて鮮明である。

殿下　あの時は田母沢御用邸の付属邸というのがあって、小さい時は夏の間そこで過ごしていました。地震の時は昼食をしていました。午前11時58分でしたか、あわてて庭に飛び出しました。

――お庭というのは天皇、皇后さまとは別のお屋敷でしょうか。

殿下　そう、御用邸とは田母沢川を隔てていますから少し離れています。結構揺れたことだけは覚えています。

その当時、秩父宮は麻布の歩兵第三連隊に勤務していて、土曜から日曜にかけてだと思うんですが、高松宮と一緒に日光に来て私のいる付属邸にお泊まりだったんです。ところが、大震災が起きたので、秩父宮は連隊に帰らなければいけない。毎日、日光駅へ行っては列車が出るのを待ってはまた戻ってくるということで、数日間はそんなことを繰り返していました。

偶然ながら、地震のあった日は皇太子（昭和天皇）を除く3人の親王が両陛下と共に日光に滞在していた。交通手段も通信手段も遮断され、すでに大正10（1921）年の11月に摂政宮となっていた皇太子の、帝都での安否が心配だった。東宮侍従だった甘露寺《かんろじ》受長《おさなが》が皇太子の命を受けて2日の午前11時には日光に着いたと、川瀬弘至著『孤高の国母　貞明皇后』にある。また、『牧野伸顕日記』を見れば震災の日に、宮内大臣だった牧野が日光に滞在していたのがわかる。これには理由があった。8月24日に首相の加藤友三郎の病死を受けて、後任に山本権兵衛の就任がようやく決まった。それが8月30日である。同じ日に「大に安心せり」と記した牧野は天長節奉祝のため日光へ向かった。31日に両陛下へ拝謁。その後「皇后宮へ拝謁。諸事言上に及ぶ」とあるので、新たな首相に関する説明をしたのだろう。そして、まさに帰ろうとしたところを大地震に見舞われた。この日は旅館に泊まり、翌日帰京の途についたのである。

国難に際しての強い決意

その晩の午後8時には天幕を張って、新首相の親任式が行われた。牧野はこれに同席して「閣員へも面会、本件に付御思召之次第を内話」とある。なんと、地震発生の翌日の9月2日には日光の両陛下の「御思召」はきちんと内閣の全員に伝わっていたのである。もちろん、両陛下は安泰であり、3人の親王たちにも怪我《けが》などないと報告された。

今になって思うと、なんという危機管理能力かと感心する。

そして9月29日、貞明皇后は意を決して東京へ向かった。天皇の容体は一進一退であり、とても移動はできなかった。摂政宮がいるものの、なんといってもまだ22歳の若さである。大災害に対する対応への不安があったのだろう。

すぐ10月になるのだから、秋の装いで出かけたらと勧める女官たちを遮って「被災者はまだ着のみ着のままでいるでしょう。わたくしも今しばらくこのままでいます」と答えた。夏の装いのまま上野駅へ到着すると宮城《きゅうじょう》へは直行せずに、上野公園自治館内の被災者収容所を皮切りに翌日は陸軍第一衛戍《えいじゅ》病院、慶応病院、青山病院をまわり、病人たちを慰問した。それ以後は足を休める暇もなく負傷者が入院している病院、あるいは家を焼かれた難民たちが住む公園のテント村やバラックなどを積極的に訪れ、励ましの言葉を掛け続けた。

いつしか秋も終わり12月19日になって、沼津の御用邸へ向かうまで、ついに夏服を着替えようとはしなかった（『貞明皇后』主婦の友社編）。

この時点で、皇后の覚悟は定まった。飾り物の皇后ではいない。社会的な弱者を自ら率先して労う側に立ちたい。国難に際して、そう強く決意したのではなかったろうか。

4　天皇御不例

民衆に漏れ伝わった嘉仁天皇の病状

それが、たった一つの風評ならば、どれほど世間に知れ渡っても、やがて時間と共に忘れ去られる。だが、同じような風評がいくつも重なり合えば、いつしか歴史の真実と化してしまうことがある。

15年間続いた大正時代、貞明皇后が最も気に掛けたのは、民衆の間に漏れ伝わった嘉仁《よしひと》天皇の病状にまつわるエピソードや噂ではなかったろうか。

大正天皇の健康は明治天皇が崩御し、大正の御世を迎えてから、目に見えて衰えていった。

その大正天皇の第四皇子として、三笠宮崇仁殿下が誕生したのは大正4（1915）年12月2日だ。平成18（2006）年になって、三笠宮殿下から父宮の思い出を何度か伺った中では、次のような言葉が印象に残っている。

迪宮さま（昭和天皇、右から2人目）と手をつなぐ、皇太子時代の大正天皇（右）。子煩悩な様子がうかがえる。左から2人目は淳宮さま（秩父宮殿下）〈明治37（1904）年ごろ撮影〉（宮内省提供）

「おもうさま（注・父宮）はすでに私が物心つく頃からお具合が悪かったですね」
「私は冬の間は葉山（注・葉山御用邸）へ行ってましたが、まだ小さかったのでね。おもうさまがお食事を召し上がっている時にお辞儀をした記憶はありますけど、一緒に食卓を共にしたという記憶はないですね」
「普通の会話をしたという記憶もないくらいですから。おもうさまは奥のご座所にいらして、お辞儀するだけで、すぐ下がりました」

これらは三笠宮の兄宮である秩父宮雍仁《やすひと》の幼少期とは大きく違っていた。明治35（1902）年6月25日に、当時の皇太子の第二皇孫殿下として秩父宮は生まれた。前年には迪宮《みちのみや》、後の昭和天皇が誕生している。

幼稚園に入るくらいの年齢になった

秩父宮は、迪宮と共に生活している皇孫御殿から、東宮御所へ参上することがあった。それは父宮・大正天皇（当時の東宮）のたっての希望によるものだった。数人の幼い学友たちと連れ立って訪ねた二人の親王を、父宮は優しい笑顔で迎えた。そして、同行して来た学友たちのことを、順番におぶって、御所の長い廊下を歩いたのである。まさに潑剌《はつらつ》とした若い父親の姿だ。子供たちが興じる竹の子掘りなどの庭遊びも、にこやかな表情で見守ったという（『秩父宮雍仁親王』秩父宮を偲ぶ会発行）。

明治天皇が健在だった時代は、日本の社会において家族の絆は盤石であり、天皇のイメージは固定されていた。国家においても、家庭においても、頼もしい家長の役割を若き大正天皇も引き継ごうとしていた。

しかし、大正４（１９１５）年くらいになると、少しずつではあるが、厳格だった社会全体の規範がずれ始めたようだ。当時の『毎夕新聞』が掲載した日本人の名前のリストは、驚くほど自由奔放であり異様にすら見える。現代のキラキラネームとはまた違ったメッセージ性も感じられる。

たとえば甲府市には「日本國王《ヤマトクニオウ》」、静岡県には「松本子爵」という名前の農夫が実在した。それどころか大阪には「宮内省」と名乗る人物もいた。あるいは「行方不明」「執行猶豫」といったふざけた姓名もあった（『詭辯《きべん》の研究』荒木良造、昭和７〈１９３２〉年刊行）。いずれもその職業や地位とは何の関係もないのに、勝手に当人が名乗っているケースだった。

こうした現象は、明治の時代にも起き得ただろうか。

さらに興味を惹くのは、大正9（1920）年に起きた尼港《にこう》事件の後の珍事だった。

尼港事件とは、大正9年の3〜5月にアムール川河口のロシア・ニコラエフスクで、パルチザンによって日本人の兵士・居留民約700人が惨殺された事件である。

田中義一陸軍大臣がその事件について議会演説した一節が問題になった。

「斯様な事柄がありまして、陛下に對し奉っては、誠に宸襟《しんきん》を悩《なやま》し奉った次第であります、國民の義憤を招いた次第であります、其點に付きましては私は親切を缺《か》かぬ積りであります」（『詭辯の研究』）

こう述べたとする議事録が残されたのである。

病弱な天皇の出現という衝撃

これは速記者が「臣節（臣下の者が守るべき節操）」と言った田中の言葉を議事録に「親切」と書いたために起きた間違いだった。天皇に対しては「親切を缺かぬ積り」では洒落《しゃれ》にもならない。同じ音であるから無理もないともいえるが、「此場合は責任問題上非常な違ひになつて來る」と記した『詭辯の研究』著者、荒木良造の主張は正しい。

まったく考えられないような誤記である。だが、それは時代の産物だったと、昭和40

（1965）年に刊行された『大正文化』において、著者で心理学者の南博は指摘している。この珍事件は「つまりは臣節という類の理念が、廃語となりつつある状況を語っている」と言うのだ。

では、南はなぜ、ここまではっきりと臣節は廃語だったと断言出来たのだろう。その理由を同書で次のように述べている。

「明治と昭和の間にあって、大正の天皇像は動揺し、混迷する。とくにそれが劇的象徴的にあらわれた時期として、大正九年より十二年までの四年間がある」

それは大正9（1920）年3月に首相の原敬《はらたかし》が、天皇の侍医の三浦謹之助博士の「拝診書」を閣議で内示して、宮内大臣から世間に発表する文書について諮ったあたりから始まった。つまり、悪化した天皇の病状をどのように国民に伝えるかが、問題だったのである。なにしろ、三浦侍医の「拝診書」なるものは、なかなかセンセーショナルな内容だ。南の前掲書から引いてみたい。

「御幼少時の脳膜炎の為御故障有りたる御脳に影響し少しく御心身の緊張を要する御儀式等に臨御の際は御安静を失はせられ玉体の傾斜を来し御心身の平衡を御保ち遊はされ難き」状態だという。

とても、このままでは発表出来ないので、元老たちの意見もあって、「御心身に幾分か御疲労の御模様」というふうにやわらげた。

7月になって宮内大臣から、天皇が疲労、倦怠《けんたい》の時には態度も弛緩《しかん》し発言にも明瞭さを欠くことがあるため、しばらくは静養に入り、儀式の臨御や内外臣僚の謁見などは見合わせるという発表があった。じゅうぶんに言葉を吟味した末に作成された文言ではあったが、国民の間では衝撃が広がった。

明治天皇が突然崩御してから、まだ10年足らずである。英明をもって知られた明治天皇が亡くなることすら、多くの国民は予想だにしていなかった。それなのに、今度は病弱な天皇の出現だ。国民は戸惑いを覚えた。

「この頃から、民衆のあいだに天皇の病状について、いろいろな噂話が伝えられるようになった。たとえば天皇が議会で勅語を読んだあと、その巻物をまるめて望遠鏡のようにして、『原が見えるぞ』と仰せられたとか、外国の皇族で足の不自由な方が見えた時、その歩き方をまねされたとか、外国の使臣の謁見で『お前の顔は猿に似ているな』といわれたというようなことが、笑い話としてひろく伝った」(『大正文化』)

仕人が語った真相と病気克服の努力

こうした噂が伝播《でんぱ》したことの意味を考える前に、このエピソードの真偽に関して少しだけ触れておきたい。

今でも、いわゆる「遠眼鏡事件」は有名である。だが、宮中に仕人《つこうど》として長く働いた小川金男が、戦後になってその真相を釈明した文章が、著書『宮廷』（昭和26〈1951〉年刊行）にある。

小川は明治41（1908）年に宮内省に入り、戦前まで25年間を大奥に仕えた。仕人とは、他の官庁には見られない特殊な存在であり、「徳川時代の茶坊主、中國の宦官のようなものである」と本人が書いている。割合と気楽に天皇、皇后のお側近くに行き、日常の用を足す仕事をしていたようだ。

「例えば、陛下が議會の開院式のとき、勅語を讀まれてから、それを巻かれて望遠鏡のような具合にあちこちを御覽になつた、といつたような風説は、明らかに誤傳である。というのは、當時陛下は御自分が病氣であつて、健忘症であるということを常に氣にしておいでになつたので、勅語を巻かれてもそれが正しく巻かれているかどうかということが氣にかゝり、そういう仕草で一應おしらべになつたものゝようである。とにかく陛下はそういう風に御病氣後は一層神經質になられた」（『宮廷』）

こう書く小川は、さすがにお側で仕えただけあって、大正天皇の性格や病状に関しては熟知していた。

明治天皇が崩御した後、宮内省から小川たち仕人に訓辞があった。

「陛下は誰にでも氣易く話しかけられるお癖があるから、仕人は決して陛下の御前に姿をお

見せしてはならぬ。」（同）

この言葉が、すでに大正天皇の気質をよく表している。やや軽率であり、天皇としての威厳に欠けると思われていたのだろう。しかし、小川たちは「仕人という役目柄から、かなり陛下に接近するので、自然そういう陛下を見、また聞くこともしばしばであった」（同）という。したがって、小川の書く陛下像は真実に近かったと思われる。

それらの具体的な紹介は割愛するが、とにかく、天皇は自身の病気についてもよく知っていて、なんとしても克服しようと懸命な努力を続けていたと小川は書いている。

それでも、天皇が長期にわたって病床にあるという事実がもたらす社会的な影響は小さくなかった。

「悲劇的な存在である天皇の病状が、民間で笑い話の種にされるということは、明治天皇に対して、明治の人たちが持っていた天皇イメージがくずれ、大正天皇の個人的なイメージが、天皇制そのものの持っていたいかめしさとバランスがとれなくなったところに一種のユーモアが感じられたのである。だから、それは、天皇個人に対する反感とか軽蔑よりも、むしろ天皇の名にふさわしくない、あまりに人間的な弱さというものに対する同情と、天皇制そのものをこっけいなかたちで否定するような天皇のふるまいが、民衆の無意識のなかにある反天皇制の感情を、こころよく刺激したからでもあろう」（『大正文化』）

このような風潮が社会で許容されているとしたら、皇室や政治に不安を感じる国民は多かったろう。天皇が持つイメージがどんどん低下していけば、天皇制そのものの維持も難しくなるのではないか。

そうした時代背景の下で、貞明皇后の覚悟は定まってゆく。もとより守るべきは国民であるという使命感は強かった。しかし、国民を守る以上に、まずは天皇制の護持が一寸の揺るぎもあってはならないとの思いが強くなる。時あたかも大正7（1918）年に、ロシア革命でニコライ2世とその家族が銃殺され、ソヴィエト連邦が誕生した。これは、大きな脅威と受け止められて当然だった。

皇室の誇り、節度を守り抜く

さらに、若い裕仁《ひろひと》皇太子の洋行や婚約を巡っても国家が二分されるような論議が巻き起こっていた。本来なら天皇を中心にまとまるはずの皇族たちも、その結束に緩みが見え始めていた。

世上には天皇御不例についての風評が溢れてやまない。その空気はいつ危険な風向きに変わるかは予想もつかなかった。そのため、皇后があまりに発言権を強めたとする研究者もいる。確かに、政府の要人たちも、常に皇后の意向を気にして、了解を得た上でなければ重要な事案は進められなかった。

来日した英国皇太子（後の国王エドワード8世、右）を迎えて行われた近衛師団観兵式で話をする皇太子裕仁摂政宮（昭和天皇、左）〈大正11（1922）年4月15日〉

だが、それは自身の権力欲のためではなく、もしかしたら崩壊の危機に瀕《ひん》するかもしれない皇室を守ろうという強い動機に基づいていたのではなかったか。

大正に入ってからのこと。昭憲皇太后が「たいへんな世の中になつたものだ」と皇太后職の大松伺候に漏らしたという。なぜかといえば、御歌所の寄人《よりうど》が大正天皇の詠んだ御歌に朱筆で添削をしたからだった。明治天皇の時代には寄人が御歌を直すなどということは絶対になかった（『宮廷』）。

皇室における和歌の位置づけは、独特のものがある。古来、天皇の御製《ぎょせい》は、希望や感慨のみならず、自らの本心をも巧みに吐露する隠喩としての役割があった。いわば天皇から国民へのメッセージである。皇后や他の皇族方もまた、簡単には明かせない胸の内を、和歌に仮託する伝統があり、それは現代に至るまで続いている。

となると、天皇の御製に手を入れるなどということは、たとえ寄人といえども畏れ多いの一言に尽きる。だが、それが平然とまかり通るまでに、天皇に対する尊崇の念は低下していた。だからこそ、貞明皇后の諸事万端に対する度重なる意思表示があったのではないだろうか。貞明皇后は、圧倒的な努力を尽くすことで皇室の節度を保とうとした。滔々《とうとう》として流れ、絶えず変化する時代の波を、たとえたった一人であっても堰《せ》き止めようとした女性の長い物語は、すでに始まっていたのだ。

第2章

家風

1　九條家の姫君

個性派揃いの明治17年生まれ

明治17（1884）年に生まれた人物には、なかなか際立ったキャラクターの持ち主が多い。

太平洋戦争への火蓋を切ったのは、真珠湾奇襲攻撃だった。この作戦を立案・実行したのが連合艦隊司令長官の山本五十六《いそろく》である。そして、約4年後に日本は敗戦を迎えた。連合国による東京裁判で、A級戦犯として絞首刑になった7人の中に、陸軍大将の東條英機がいる。2人とも明治17年生まれだ。日本が日清、日露、第一次世界大戦で勝利を収め、世界の列強に並んだという自負を強めている時代に、祖国の進路の決定に深く関わった。

女性たちもまた例外ではなく、例えば、日本女性で初めてオペラ界において世界的に認められたのは三浦環《たまき》である。明治17年に生まれ、大正4（1915）年にはイギリスのオペラ

オペラ歌手の三浦環

陸軍大将の東條英機

連合艦隊司令長官の山本五十六

界にデビューした。ちなみに環は他の日本女性に先駆けて鼻の整形手術をしている。同じ年に生まれた作家の田村俊子は、大正文壇の寵児《ちょうじ》であり美貌で知られていた。大正7（1918）年に不倫の恋の果ての逃避行で、カナダに移住した。日系カナダ人の労働組合創設に加わり、婦人部長を務めて、幾多の社会貢献をした。実は彼女もまた、日本にいた頃に、環のすすめで隆鼻術をしている。いずれも国際的で破天荒な女性たちだった。

その明治17年6月25日に東京府神田区錦町1丁目12番地の九條道孝《みちたか》邸で九條節子《さだこ》姫が誕生した。後の貞明皇后である。

当時は華族の家に生まれた女子は「姫」と呼ばれた。皇族を親に持つ娘たちは現在に至るまで「女王」または「内親王」の敬称がつく。

節子姫の実家である九條家は、華族の中でも名門の五摂家筆頭だった。父の道孝には四男五女の子供が生まれた。子だくさんだと思われそうだが、この時代は特に驚くほどではなかった。ただし、道孝の正妻の和子《よりこ》は、子を成さぬまま明治4（1871）年に亡くなっている。その後、道孝は再婚をしなかったので、9人の子供たちの母親2人は側室である。節子姫の母親の野間幾子との間に5人、幾子より17歳年下の田村やすとの間に4人の子供をもうけた。

節子姫は幾子が36歳の時に産んだ末の子である。この後、九條家にはさらに良致《よしむね》、良叙《よしのぶ》、篷子《とまこ》、紝子《きぬこ》の子供たちが、やすから生まれた。

19歳だったやすにとって長男にあたる良致は、明治17年8月の誕生である。ということは節子姫に遅れること2カ月前後で、九條家には新たな男子が加わったわけだ。他の子供たちはともかく、節子姫とほぼ同じ年齢の良致は、やがて皇后となった異母姉を悩ませる存在となる。その意味では、彼もまた明治17（1884）年生まれの、際立った個性の持ち主と言えた。

天皇の家系に深く入る藤原家

節子姫が皇太子妃として入内《じゅだい》したのは明治33（1900）年である。当時は、どのような家柄の娘が未来の皇后になるかは大きな問題だった。まず、お妃候補の女性の家系をどこまできちんと遡れるかによって選考のリストが決まる。そのへんは現代とは比較にならない厳密さで精査されたのである。

もちろん、皇族か華族の子女であることは必須条件だった。

九條家の歴史は古い。皇太子と節子姫のご成婚を祝して刊行された『東宮御慶事の記』（横川回天・明治34〈１９０１〉年）によると、次のような長い説明がある。句読点が少なくて読みにくいので、適宜付した。

「皇太子妃節子《ひさだこ》殿下は、天児屋根命《あまのこやねのみこと》二十二世の孫、大和國多武峰《やまとのくにたぶのみね》鎮座《ちんざ》別格官幣《べっかくかんぺい》談山神社《だんざんじんじゃ》鎌足《かまたり》公《こう》十七代摂政関白太政大臣藤原忠通《たゞみち》公の第九男《なん》、摂政関白九條兼實《かねざね》公二十九代前掌典長《さきのしょうてんちょう》従一位勲一等九條道孝《みちたか》公の第四女に渡《わた》らせられ」

ということで、家系図上では神話上の神様である天児屋根命が初めに登場する。この神様は、天照大神が天岩戸《あまのいわと》に隠れてしまった時に、祝詞をあげたと伝えられている。奈良の春日大社などに祀られている神様だが、やはり私たちにとって現実味を帯びてくるのは、藤原鎌足あたりからだろう。

とはいえ、鎌足でさえも、亡くなったのは西暦６６９年である。ずいぶんと昔だが、実在の人物であり、どのような人生を送ったかはほぼわかる。ざっと藤原家を見てみよう。

もともとは中臣鎌足《なかとみのかまたり》を名乗り、中大兄皇子《なかのおおえのおうじ》と共に、蘇我入鹿《そがのいるか》を暗殺したのが６４５年である。中大兄皇子は６６８年に即位して天智天皇となった。天皇の側近だった鎌足は、亡くなる直前に藤原の姓を賜った。したがって鎌足が藤原家の始祖と言われる。

その後、藤原家は政治の中枢にあって絶大な権力を振るうようになる。それについては後述するとして、九條家の祖である九條兼實《かねざね》（1149〜1207年）は摂関家藤原忠通《ただみち》の六男だった。屋敷が京の九条にあったところから通称九条と呼ばれていた。その兼實が鎌倉幕府成立などの動乱の影響で、摂政の地位について九條を名乗った。ここで、ようやく九條節子姫の家柄と一本の実線でつながるわけだ。

ちなみに、この時に藤原摂関家は大きくは近衛と九條の二家、さらに近衛から鷹司《たかつかさ》が派生し、九條からは一條、二條が出て、五摂家と呼ばれる華族が並んだ。したがって、九條家は近衛家と共に五摂家筆頭の家格となった。

ここで注目したいのは藤原家の家風である。皇族か華族か、あるいは平民かといった家格についても重要だが、家風もまた皇后のありように無関係ではないと思われるからだ。

全盛期の藤原家がいかに天皇の家系に深く食い入っていたか、またそれはどのような影響を及ぼしたかについては、本郷恵子の『院政』（講談社現代新書）に詳しい。いくつか抜粋して紹介したい。

「神亀六年に藤原不比等の娘である光明子《こうみょうし》が皇后に立てられた。臣下の娘が立后されたのは、神話時代を除けばはじめての例である。それまでは皇后は、天皇家の血統の女性でなければならないとされていた」

ということで、光明子が光明皇后となって仏教の布教に努め、ハンセン病患者や貧しい人々のために「悲田院」「施薬院」を開設した。慈善活動に熱心に取り組む姿は、後の皇后たちのロールモデルになったと言ってもよいだろう。

男の価値は妻次第

では、藤原氏から皇后が出ることは、どのような変化をもたらしたのか。前掲書『院政』では、関白藤原忠通の息子である慈円が鎌倉時代初期に記した『愚管抄』の一節を紹介している。

「この桓武天皇の後、平安京に都が移ってからは、女帝も出現せず、（皇太子が早世して）孫が即位するということもなくなり、父から息子へ、兄から弟へと、皇位が円滑に継承されるようになった。また天皇の母は、みな大織冠《たいしょくかん》（藤原鎌足）の子孫の大臣らの娘である。国政は安定し、民衆も手厚く遇されるすばらしい時代が、今日まで続いている」

これは慈円もまた、藤原摂関家の一員であるから、同家が朝廷を運営している状況を正当化したい意識もあったろうとしながら、同書は次のように続ける。

「だが確かに、藤原氏の威勢が高まり、同氏の娘が天皇の妃となって男子を産むことが常態化するにつれて、天皇の選定は、多数の皇子どうしの競合から藤原氏内部での調整へと移行したのである」

ここに調整型の政治が始まった。

藤原道長（966〜1027年）の存在感は日本史の中でも突出している。自分の娘たちを次々と天皇に嫁がせた人物といえば、歴史の教科書を思い出す人もいるかもしれない。

長女の彰子を第66代一条天皇に嫁がせたのが西暦1000年のことである。やがて彰子から第68代の後一条天皇と第69代の後朱雀《ごすざく》天皇が生まれた。

この彰子に仕えたのが紫式部である。諸芸に造詣の深い道長は『源氏物語』に出てくる光源氏のモデルだったという説もある。少なくとも紫式部とは近しい関係にあり、彼女の文筆活動の後援者だった。

道長は孫の後一条天皇に三女の威子《いし》を、後朱雀天皇に六女の嬉子《きし》を入内させた。「一家立三后」、つまり一家で3人の娘を天皇に嫁がせたのである。これで道長の皇室における権力は揺るぎなきものとなった。

威子が入内したのは西暦で1018年である。数え年20歳の威子が同11歳の後一条天皇の中宮に立后したのは旧暦10月のことだ。その祝いの席で道長が詠んだと伝えられる歌は、よく知られている。

「この世をばわが世とぞ思ふ望月の欠けたることもなしと思へば」

日本人なら、この歌をどこかで目にした人も多いだろう。望月とは満月の意。まるで何一つ欠けたことがない満月のようなわが身の権勢に、まさに酔い痴《し》れている歌だ。それほど天皇の外戚になるのは心地よいことだったのだろう。

これは嫁にやるだけではなく、婿にやるのも同じだったようだ。前掲の『院政』によれば、道長の長男頼通《よりみち》が村上天皇の第七皇子の具平《ともひら》親王の娘である隆姫と結婚する際に、道長が『男は妻がらなり。いとやむごとなきあたりに参るべきなめり』と、たいそう喜んだと伝えられる」とある。

これは「男の価値は妻次第で決まるものだ。たいへん高貴な家に婿取られていくのがよいようだ」（同）という意味になるという。

満月に託した眞子さまの思い

とにかく「一七〇年の長きにわたって藤原氏の女子が天皇家男子に周到に配されてきた」（前掲書）のであるから、その手腕たるものは、２６０年続いた徳川家に比するほどだったとも思える。

藤原家の後継である九條家もまた5人の娘を皇后として皇室に送り込んでいると『東宮御慶事の記』にはある。したがって、長いスパンで見ると、九條家とは皇室との婚姻戦略においては、歴史的な蓄積を持っている家風だったと考えてよい。だからこその節子姫の立后だった。

藤原道長が望月の歌を詠んでから９９９年後の平成29（２０１７）年9月に、秋篠宮家の眞子《まこ》内親王と小室圭さんとの婚約内定会見が開かれた。爽やかなカップルは、小室さんが眞子さまを月にたとえ、眞子さまが小室さんを太陽にたとえた。なんとも皇室らしい美しくもゆかしい比喩に感じられた。

婚約内定会見の時の秋篠宮眞子さま（右）と小室圭さん
〈平成29（2017）年9月3日〉（代表撮影）

しかし、その翌年、小室圭さんはニューヨークへ留学し、婚約は数年の間宙に浮いたままになっていた。そんな中、令和２（２０２０）年の歌会始で眞子内親王が詠んだ歌が注目を浴びた。

「望月に月の兎《うさぎ》が棲《す》まふかと思ふ心を持ちつぎゆかな」

これは満月に兎が棲むと思う気持ちを持ち続けたい強い意志の表れだろう。「望月」という言葉が皇室での歌会始で使われる優雅さは、多くの人の関心をひいた。響きといい言葉の選択といい、まさに内親王ならではの歌である。

かつて小室圭さんは、眞子内親王を「月のように静かに見守ってくださる存在」と語った。その月は欠けることなく夜空に輝いているのだろう。

藤原道長の時代から１０００年を経ても、皇室の望月の輝きは不変であると、あらためて知らされたような思いもした。

ともあれ、長い歴史の中で、明治17年に九條家に生を享けた節子姫。古くは平安の時代から、家庭内に吹き渡る、あらゆる知恵や知識や、そして覚悟を風のように自然に感じつつ育つことになるのである。

2 政略結婚

貞明皇后の兄弟、姉妹

ここでもう一度、節子姫、後の貞明《ていめい》皇后の兄弟、姉妹の関係を整理しておきたい。

『九條節子姫』（喜多文之助・明治32〈1899〉年刊）によると、節子姫の系譜は次のようになる。

・道實《みちざね》　明治二年十二月誕生　嫡子正四位式部官《ちゃくししょうしいしきぶかん》
・範子《のりこ》　同十一年四月誕生　山階宮《やましなのみや》妃
・良政《よしまさ》　同十四年十月誕生　学習院生徒
・籌子《かずこ》　同十五年八月誕生　本派本願寺嗣法裏方《しほううらかた》
・節子《さだこ》　同十七年四月誕生
・良致《よしむね》　同十七年七月誕生　学習院生徒

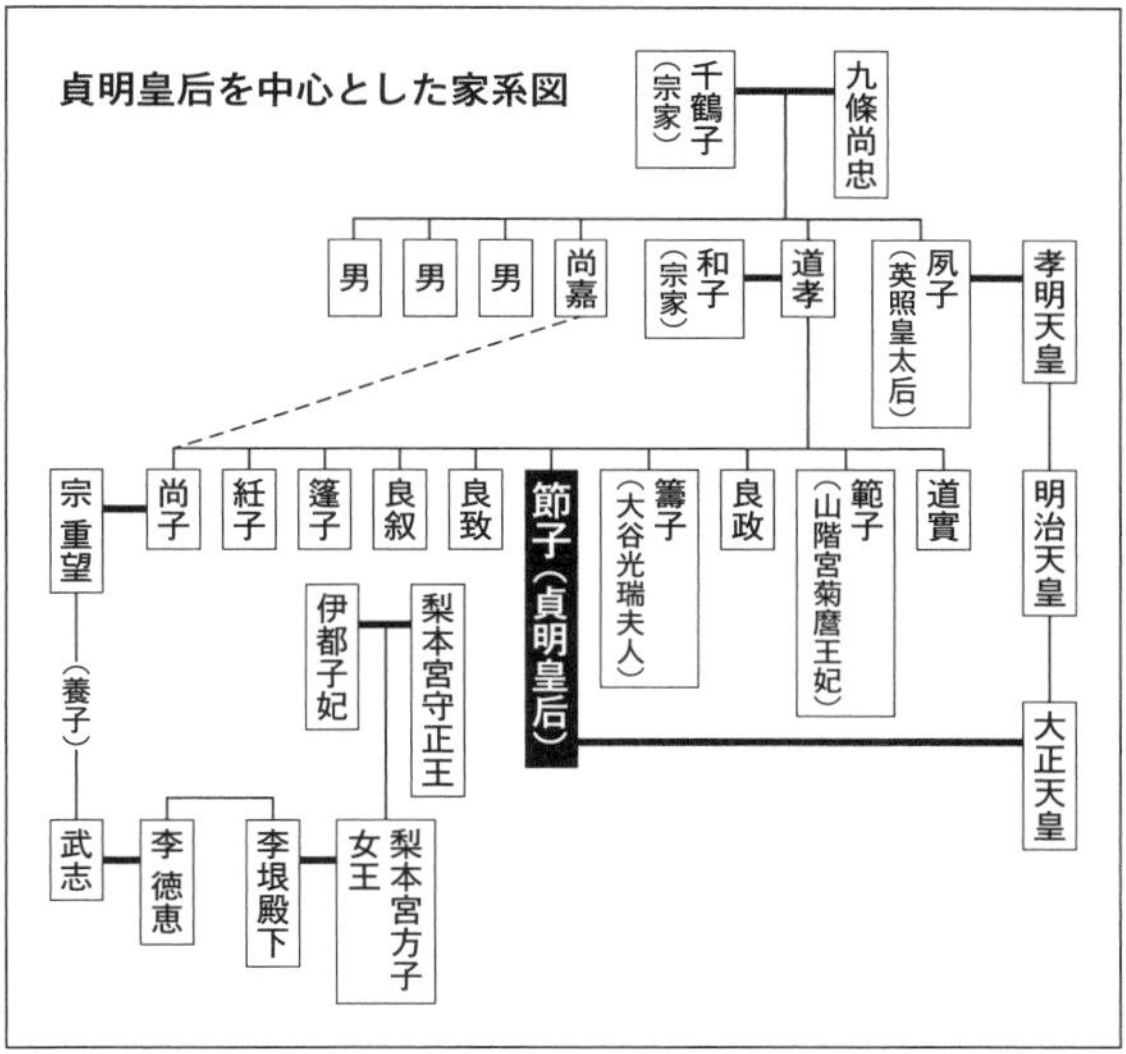

・良叙《よしのぶ》　同十九年十二月誕生　学習院生徒
・篷子《とまこ》　同二十四年二月誕生　華族女学校生徒
・絹子《きぬこ》　同二十六年三月誕生　華族女学校付属幼稚園生徒

ここでは節子姫が実際には6月生まれにもかかわらず「四月誕生」となっていたり、紝子が絹子と書かれていたりで、他にも不正確なところがあるのだが、ざっと見て9人兄弟姉妹の生年や名前、明治32年時点での、それぞれの立場などが判明する。

すでに長姉の範子は皇族の山階宮菊麿《きくまろ》王に嫁ぎ、次姉の籌子は西本願寺の大谷光瑞《こうずい》法主の裏方となっていた。なかなか格式の高い家に、2人の姉は輿入れしている。

貞明皇后の伝記は、主婦の友社編の

『貞明皇后』（昭和46〈1971〉年）をはじめ数冊以上がこれまで刊行された。それらを付き合わせてみると、上の5人の子供の生母は野間幾子《のまいくこ》、後の浄操院であり、異腹の4人の子供は田村やすが母であるとわかる。

ところが、九條家には貞明皇后の系譜録には登場しない尚子《ひさこ》という名前の養女がいた。『昭和新修華族家系大成』掲載の家系図を見ると、尚子は九條家の9人の子供が列記された後の10人目に書き加えられている。その下に小さく「松園尚嘉《ひさよし》長女　宗重望《そうしげもち》夫人」とだけ説明がある。九條道孝の実子ではなく養女という意味だ。

では、尚子の父と書かれている松園尚嘉とは誰かというと、節子姫の父・九條道孝の弟なのである。明治8（1875）年に松園男爵の家に養子に出た。そうすると、尚子は節子姫の従姉《いとこ》にあたる。

なぜ、尚子は九條家の養女となったのだろう。彼女は明治6（1873）年の生まれだ。ということは、父の尚嘉が九條家から松園家に入籍する2年前に、すでに尚子は生まれていた。尚嘉の実の娘だったのか、あるいは他の誰かの子供だったのか、系図だけではよくわからない。

ちなみに節子姫の父、道孝の姉は英照《えいしょう》皇太后である。つまり、毒殺されたともっぱらの噂がある孝明天皇の女御の夙子《あさこ》だ。孝明天皇は明治天皇の父にあたる。夙子は天皇の在位中は皇后と呼ばれることはなく、天皇が亡くなった後に皇太后に冊立《さくりつ》された女性である。

日韓併合策に則った姻戚関係

いずれにせよ、節子姫と同じ偉大なる伯母（英照皇太后）を持つ尚子は、対馬藩の藩主で明治維新以降は伯爵となった宗家に輿入れをした。宗家は対馬に本拠地があり、古くから朝鮮との貿易を生業《なりわい》としていた。

対馬は地理的にはちょうど九州と朝鮮半島の中間くらいに位置している。日本が鎖国を解くまでは、大陸からの情報を仕入れる窓口の一つでもあった。平地が少なく肥沃《ひよく》な土地もないため、さして収入が多い藩ではない。それでも維新後に伯爵の爵位を与えられたのは、江戸時代から担っていた独自の役割と無関係ではなかっただろう。明治維新以降の政府にとって、経済面や文化面での外国との交流窓口はおろそかにはできなかったからだ。

そうした事情を勘案しても、やや唐突に感じられるのが尚子の宗家との縁組である。少し脇道にそれるが、九條家が歴史の中で培った国家に対する政治的配慮にも関わりがあると思うので、この縁組について記しておきたい。

九條家と宗家は、これ以前から姻戚関係があった。まず、尚子の父の松園尚嘉は九條尚忠《ひさただ》の次男（ただし、戸籍上は三男）だが、その母の千鶴子、つまり尚忠の妻は宗家の出身だった。尚嘉の兄で、家督を継いだ九條道孝（節子姫の父）の妻和子もまた宗家から嫁入りした。つまり九條家の当主は尚忠、道孝の二代にわたって、宗家から妻を迎えたのである。五摂家筆頭の家格で、過去には何人もの娘を天皇の后に送り込んだ九條家が、なぜ対馬の宗家とあえて姻戚関係を結んだのか。

詳しい事情は知る由もないが、養女に迎えた尚子の息子の縁談から、ヒントのようなものが見えてくる。

尚子と宗重望夫婦の養子である長男、武志《たけゆき》が結婚した相手は、朝鮮王朝の李垠《りぎん》殿下の妹、徳恵《とくえ》姫だった。李垠殿下は大正9(1920)年に梨本宮家の方子《まさこ》女王と結婚した。

方子の父方である梨本宮家は、明治の初期に伏見宮家から新設された宮家の一つだ。当主の守正《もりまさ》王は陸軍軍人であり、その妃は宮廷一の美女と謳われた伊都子《いつこ》である。しかも実家は旧佐賀藩主鍋島侯爵家だった。きわめて裕福であり、海外生活も長く、万事派手好みで知られていた。余談だが、伊都子の美しさは嘉仁《よしひと》皇太子(後の大正天皇)も魅了したらしい。まだ節子妃と新婚早々だったにもかかわらず、皇太子はわざわざ単身で日光の鍋島家の別荘を訪れたという記録がある。すでに梨本宮守正と婚約していた伊都子は19歳だった。節子妃は2歳下の17歳だった(『昭憲皇太后・貞明皇后』小田部雄次)。

伊都子妃の娘の方子女王も裕仁《ひろひと》皇太子(後の昭和天皇)の有力なお妃候補と噂されたことがある。だが、皇太子と同年齢であるという理由で実現しなかったといわれる。方子の李垠殿下との結婚については、さまざまな解釈があるが、日韓併合を推し進める日本政府の国策で

李王朝最後の皇太子・李垠殿下に嫁いだ方子妃

あり、政略結婚だったとの見方が強い。

その国策の一環として李垠殿下の妹・徳恵《とくえ》姫に東京留学の命がくだり、徳恵姫が小学校6年生で日本に来たのは、大正14（1925）年3月である。この年の4月から女子学習院中期第2学年に入学した。だが、どうも日本の生活に馴染《なじ》めなかったようだ。女子学習院本科を昭和6（1931）年に卒業とあるが、最後は精神疾患のためほとんど通学していなかった。それでも、卒業と同時に、九條家の縁に連なる宗武志が、徳恵姫と結婚した。これもまた政府の方針であり、しかも貞明皇后がほぼ間違いなく関与していたと書く本もある（『徳恵姫　李氏朝鮮最後の王女』本馬恭子）。

皇族の縁組を差配する伝統技

前掲書によると昭和5（1930）年秋に九條公爵邸で宗武志と徳恵姫は見合いをした。そして翌6年5月8日の結婚式の媒酌人は九條道實夫妻だったという。道實は貞明皇后の兄である。この結婚の背後に九條家の影響を感じるのは当然だった。

貞明皇后は自ら宗武志に会う機会を作った。同書には宗武志が書いた「白藤のはな」という文章の一節が引用されている。その一部を紹介しておきたい。

「貞明皇后さまにはじめてお目にかかりましたのは、まだ学生のころでございます。（中略）皇后さま（当時皇太后さま）は藤色のくすんだ御洋装で、お髪はひっつめて結っていらっしゃいました。お椅子のまえにお立ちになって、よく来たねと仰せられ、更に、お掛けと仰せられましたので椅子をいただきました。それから、いろいろお物語やお訊ねがありましたあとで、近侍のものに、あれならば一国一城の主として恥ずかしくないであろうと仰せられました由、人伝てに洩れ承りました」

この拝謁は宗武志が20歳になった折のことではないかと著者は書いている。だとすると昭和3（1928）年である。前述のように武志は宗家の養子である。その後見人が貞明皇后の兄の九條道實だった。同書に掲載されている武志の写真を見ると、長身で細面の美男だ。しかも東京帝国大学英文科を卒業した秀才で、感受性豊かな文学青年でもあった。貞明皇后のお眼鏡に適ったと見るのが自然だろう。

宗家のためにもこの縁談は有利に見えた。前掲書には「先代以来宗家は家格を維持するのに苦労していたし、それに対して李王家は天皇家に次ぐ歳費を受けており本国からの収入も莫大と言われた大富豪であった」とある。しかし、宗武志が自分でこの結婚を望んだかどうかについて著者の筆は懐疑的だった。

いずれにせよ、日韓併合という日本の方策に沿った形で、皇族など上流階級の縁組を差配するのは、まさに九條家の家風とも言えそうだ。平安時代から培ってきた伝統技である。養女の尚子の家系を辿ってゆくと、ただ無意味に養子縁組や婚姻を繰り返したのではないことが推察できる。貞明皇后もまた、家風として「男は妻がらなり」と言い放った遠い先祖の言葉を、自然に体内に蓄積していたようだ。

思えば、節子姫の結婚もまた、厳格な数々の審査があった末に決められたものである。そこで本人の意思が確認されることはなかった。結婚前に一度か二度の顔合わせがあれば良い方で、お互いに相手のことをほとんど知らずに挙式の日を迎える。それが当時の結婚の形態だった。

戦後になって華族制度は廃止され、宮家は天皇の兄弟（直宮《じきみや》）のみが存続可能となった。結婚もまた一般人と同じように、本人の意思が尊重される風潮が強くなった。

例を挙げれば、平成16（2004）年の5月に徳仁《なるひと》天皇（当時皇太子）が記者会見で述べた言葉がある。

「それまでの雅子のキャリアや、そのことに基づいた雅子の人格を否定するような動きがあったことも事実です」

これには、多くの国民が驚きを禁じ得なかった。宮内庁と東宮家の間に何らかのトラブルがあることをうかがわせたからだ。そして雅子妃の「人格」「キャリア」といった表現も憶測を生んだ。

皇太子妃、つまりは皇后になる女性の過去のキャリアに、記者会見で言及したのは日本の歴史上初めてのことだった。それを尊重しないのは、人格の否定にもつながるという意味を含ませたのだろうか。

これはプリンセスがプリンセスになる前のキャリアにも、きちんとした敬意を払わなければいけない時代の到来を感じさせた。

雅子さま「人格否定」発言の余波

嘉仁親王と節子姫の婚約が内定したのは、貞明皇后が15歳の時だった。女子学習院を中退してお妃教育を受けた。その時点で、プリンセスでありエンプレス（皇后）であることが、彼女の生涯のキャリアとして定まったのである。一方雅子妃は29歳の入内であり、外交官としての人生経験も豊富だった。その違いは大きなものがある。

そして、平成31（2019）年3月になって、秋篠宮家の佳子さまのコメントが新たな認識を国民に迫った感がある。前年から物議をかもしている眞子さまの小室圭さんとの結婚について、宮内記者会の質問に対して次のように答えた。

「私は、結婚においては当人の気持ちが重要であると考えています。ですので、姉の一個人としての希望がかなう形になってほしいと思っています」

会見で涙ぐむ雅子さまの背中にそっと手を置く皇太子殿下（当時）。雅子さまを「お守りします」の言葉通りだ〈平成14（2002）年4月2日〉（宮内庁提供）

ここでの「姉の一個人としての希望」とは、徳仁天皇による「雅子のキャリア」「雅子の人格」という言葉と同質の意味で、大きなインパクトのある言葉だった。

かつては家格や家系を考慮しつつ慎重に本人の身上調査を経て、プリンセスは皇室に迎えられた。あるいは皇族、華族と結婚した。だが、戦後の近代皇室においては、以前の常識は影をひそめることとなった。「公」はもちろんだが、同時に「私」も同じか、それ以上の比重で重視されるべきという「常識」が生まれたのだ。

皇室を望ましい形態で存続させるための枠組みとして、貞明皇后が命懸けで取り組んだのは、皇族の家系の伝承であった。なぜなら、皇室は日本の国柄を顕在化し、国力と密接に結びついていたからである。そうした大きな使命の前には「私」は捨てなければならない。「公」の自分がすべてであると考えていた。だから、プリンセス及びエンプレスの覚悟は、その一点に集約されると貞明皇后は確信した。自分の息子たちのみならず、皇族や華族全体の縁談に鋭い目配りを欠かさなかった一因がそこにあると思われる。

国策に沿った政略結婚とみなされた李王家との結婚だったが、李垠殿下と方子妃の夫婦仲は円満だった。徳恵姫は病状が悪化して、昭和30（1955）年に離婚した。

皇族の結婚とは何が最優先されるのか、あらためて令和の時代にも問題は積み残されているような気がする。

3　世情に通ず

節子姫の両親はどんな人物だったのか

戦前の皇族や華族は、驚くほど親戚同士での婚姻が多かった。いつも、どこかで誰かの血縁につながっていた。いかに狭い社会で上流階級が成立していたかがわかる。

早い話が、当時の学習院は皇族、華族の子供たちが通う学習の場であったが、同時に、生徒たちがどのような資質を持っているかを見極める機関でもあった。女子に限っていえば、この娘の器量と才覚ならどれほどの家に嫁げるのかが、かなり早い時点で特定されるケースが多かったのである。また、子供の両親についても詳細な情報を入手できるのが学習院だった。

いったん嫁に貰《もら》った娘の実家に莫大《ばくだい》な借金があったり、親が犯罪に手を染めていたりしたら、家名に傷がつく。宮家や華族ともなれば離婚も簡単ではない。その点、学習院という限られた空間においては、詳細なチェックが可能だった。まことに便利な仕組みと言えた。

では、皇太子妃に選ばれ、後に皇后となった節子姫の両親はどのような人物だったのだろう。

まず、父親の九條道孝についてだ。天保10年の生まれというから1839年である。30歳くらいで明治維新に直面している。同年の生まれには長州藩の高杉晋作がいた。彼の場合は若くして吉田松陰に学び、尊王攘夷《じょうい》運動に加わるが27歳の若さでその苛烈な生涯を終えている。

一方、道孝が生まれる前年の天保9（1838）年には、山県有朋、大隈重信が誕生している。大隈は早稲田大学の創立者としても知られ、明治20（1887）年に伯爵に叙せられた。外務大臣の時に爆弾を投げられ右足を切断。大正5（1916）年にまたしてもテロに遭ったが爆弾が不発で生き延びた。大正11（1922）年に83歳でその生を閉じている。

山県もまた明治政府で内務大臣、農商務大臣、総理大臣と栄達を重ねた。軍人としても元帥府に列せられ、日露戦争の勲功により公爵を授けられた。大正8（1919）年にスペイン風邪に罹患《りかん》したものの驚異的に回復。大正11年に83歳で病死した。くしくも大隈と同年に生まれ、同年に亡くなっている。

彼らはもともと華族ではなかった。実力だけで軍人、政治家、教育者などになった。数々の修羅場を生き抜いて、地位も名誉も長寿も手に入れた。その意味では、いかにも明治の新興勢力を象徴していた。

対照的に九條家は、平安の昔から、筆頭華族の家柄を誇ったが、日本が大きく尊王攘夷と公武合体の間で揺れ動いた時代は、道孝の実父（戸籍上は祖父）の尚忠はそれなりの辛酸をなめた。一時は関白の内覧職権を停止され、落飾、重謹慎、洛外追放の身となった（『昭憲皇太后・貞明皇后』）。

しかし、息子の道孝は父親よりはもう少し目先が利いたのではないだろうか。戊辰《ぼしん》戦争の際は奥羽鎮撫《ちんぶ》総督となり会津、庄内、長岡など奥羽越列藩を相手に果敢な働きをして、明治元（1868）年に東京に凱旋《がいせん》した。これ以後、明治天皇の信任を得たと言われる。

道孝が公爵に叙せられたのは明治17（1884）年だ。ちょうど節子姫が生まれた年である。宮内省内で順当に出世をして掌典長《しょうてんちょう》（宮中祭祀を担当するトップ）を務め、明治23（1890）年には、新設された帝国議会で貴族院議員に選出される。近衛家、鷹司家などと並ぶ公爵議員だった。

道孝に関しては、特に悪評もない代わりに目立ったエピソードも残されていない。だが、こんなことがあった。まだ入内する前の節子姫を伴って、道孝は二人きりで築地の料亭へ行き芸者を呼んだ。若く美しい芸者の三味線に合わせて道孝が口ずさんだのは「梅にも春」という端唄だった。おそらく宮中に入れば、お座敷遊びなどとは無縁の生活になる。せめて親子水いらずで「なまめいた色調」を味わわせてやりたいと道孝が催した別れの宴《うたげ》だった。節子姫は長くこの歌を記憶にとどめ、独特の節回しで口ずさむことがあったという（『貞明皇后』主婦の友社編）。

京都育ちで花柳界にも親しんでいた道孝は、明治の新政府にも柔軟に適応していた。彼の父の時代よりも安定した権力や財力を握った。さしたる落ち度もなく激動の時代を乗り切ったところが、道孝の最大の長所だったのかもしれない。

暴かれた父のスキャンダル

それでは節子姫の母親の野間幾子とはどのような女性だったのだろう。彼女は道孝の側室であり、正妻ではない。ただし、道孝の正妻は明治4（1871）年に亡くなり、その後は再婚をしなかったことはすでに述べた。

幾子は二條家の家臣の娘で嘉永2（1849）年の生まれ。16歳で九條家に侍女として上がり、道孝の側室となった。そして明治2（1869）年に長男の道實を産んだ。20歳の時である。その後、明治11（1878）年に範子が誕生するまで9年間の空白がある。そして範子の次に14（1881）年に良政、15（1882）年に籌子、17（1884）年に節子姫を続けて出産した。幾子が35歳、10歳年長の道孝が45歳の時に生まれたのが節子姫だ。

前にも述べたが、道孝にはもう一人の側室がいた。二人の側室の存在が思いがけず世に知られたのは、明治31（1898）年7月17日の『萬朝報《よろずちょうほう》』によってだった。

同紙は明治25（1892）年に創刊され、もっぱら社会の巨悪を暴くという建前での、スキャンダラスな報道が売り物だった。「畜妾《ちくしょう》実例」という過激なタイトルで連載された記事の中に次のような一節があった。

「公爵九条道孝《ママ》が赤坂福吉町二番地の自邸に置く妾は、神田区錦町一丁目九番地光彦《みつひこ》姉野間いく（五十）と京都上京区室町一丁上る小嶋町勝貞《かつさだ》姉田村やす（三十三）の二人也」

同紙に連載記事で書き立てられたのは、九條道孝だけではなかった。渋沢栄一、原敬、勝海舟、山県有朋、伊藤博文、森鷗外など有名人の名前がずらりと並んだ。明治天皇の主治医の一人だったエルヴィン・フォン・ベルツもやり玉に挙がっている。

皇太子と節子姫の婚約が内定したのは、この記事が出た翌年である。もし、31年に婚約が発表されていたら、いくらなんでも畏れ多くて書けなかったのではないだろうか。

すでに欧米では一夫一婦制が確立していたため、日本の風潮を改めさせようというのが、この記事を連載した新聞社が掲げる表向きの理由だった。実際には有名人の私生活を暴いて、新聞の売り上げを増やすのが目的だったと思われる。翌年、『萬朝報』は日本一の発行部数を誇る大新聞になった。

蛇足ながら、田村やすの住所が「室町一丁上る」とあるのは一丁ではなく一条の間違いだろう。これが彼女の元々の住所だとすると、京都御所のすぐ目と鼻の先である。宮内省に勤務する道孝はしばしば京都御所に出張したのではないか。そのために御所の近くに若い愛人の家を構えたのだろうか。あるいは九條家の別邸がここだったのかもしれない。別邸には、後に野間幾子が移り住んでいる。

また、やすは「勝貞姉」と書かれているが、この勝貞が、やすの弟の名前か、あるいは妹の名前かはわからない。なぜなら、勝の字が名前につく芸者は京都に何人もいたからだ。やすも妹も芸者だった可能性は考えられる。いずれにせよ、道孝はなかなかの粋人だったようだ。ある意味で庶民の世情に通じており、その感覚の大切さをよく承知していた。だからこそ節子姫も常に市井の人々に心を寄せるようになったのかもしれない。

幾子は後に中川局《なかがわのつぼね》、さらに浄操院と呼ばれるようになった。集合写真などは別にして、当時の肖像写真は残されていない。ただし、三笠宮家の百合子妃は、昭和18（1943）年に浄操院と対面している。まだ結婚して2年目のこと。20歳の若さだった。貞明皇后から大宮御所に来るようにという連絡があり、あることを頼まれた。それは、母である浄操院が、娘の篷子と共に大宮御所を訪れる予定なので、ぜひ写真を撮ってもらえないかとのご所望だった。

生後7日目からの農家生活

節子は貞明皇后の妹にあたる。京都の佛光寺の門主澁谷隆教《しぶたにりゅうきょう》に嫁いでいた。百合子妃は三笠宮が所持していたライカを持って大宮御所へ行った。古いライカだった。

「若いからあんなことが平気でできたのね。貞明さまと浄操院さま、妹の節子さまのお三方がお庭の椅子にお座りのところを撮りました。心配でしたが、よく撮れましてね」

戦争中で、フィルムも不足していた。しかもライカは撮影に技術を必要とする難しいカメラである。百合子妃の緊張は大きかった。

百合子妃に直接お会いする機会があった時に私は、浄操院さまがどのようなお方だったかと尋ねてみた。

「とてもおきれいな方でしたね。とてもお品があって、本当にお美しい方でした。色がお白くて、面長で。貞明さまとは、あまり似ていらっしゃらなかった。貞明さまはお父様似なのね」と、百合子妃は微笑まれた。

さすがに長く九條道孝と連れ添って、正妻と変わらぬ立場にいただけに、浄操院はそれだけの品格を備えた色白の女性だったのがわかる。

しかし、節子姫は色黒だった。彼女に関する多くの研究書は、色黒であったことに言及している。それが大きな欠点であったように書く研究書もある。現在でも男性の目線からすると、色黒は女性の容姿にとってはマイナス要因だと思われるのかもしれない。ただ、九條家の子供たちは総じて色黒だった。だからといって娘たちの縁談に不利だったことはなかった。

節子姫は生まれて7日目に東京・高円寺の豪農の家に預けられた。健康な子供に育ってほしいという親の希望だったというのが定説になっている。明治の時代には珍しい例ではなかった。皇族や華族の子供たちが幼少期に一般家庭に預けられた話はよく聞く。そもそも、母親が手元に置いて自ら授乳をするような習慣がなかった。もっぱら乳母が乳幼児の世話をした。5、6歳になるまでは厳しい躾をしてほしいというのも親の希望だった。

しかし、生後7日目というのはいかにも早い感じがする。そして、よく7日間で姫の養育に適任の夫婦を見つけられたものだ。前掲の『萬朝報』の記事によると、九條家には野間幾子と若い愛人のやすと、二人が共に住んでいたようだ。やすは初産を8月に控えていた。そのへんを考慮しての節子姫の乳母探しだったのだろうか。

幼少時代の思い出は節子姫にとっては楽しく懐かしいものだった。養育にあたった大河原金蔵の妻のていは、生後間もない男児を亡くしたばかりで、母乳がたっぷりとあった。そして6000坪という広大な敷地に建つ家には、7歳年長のよしという娘がいた。近くの大河原家の本家には房次郎という少年もいて、節子姫は妹分のような感じで子供たちと群れて遊んだ。

付近一面が畑で、裏の雑木林は栗の木が多く、人家もまばらだった。

王族と交流を重ねる雅子さま

「農家の子供らと手まりをつき、蝶を追い、また栗を拾い、灯火の暗い爐邊でお伽ばなしに目をかゞやかせ」という日々だった。

「もの心がわずかにつきそめた五歳までの生活ではあつたが、高圓寺での明け暮れから、いつともなく腦裡にきざまれた田園と、農家と、庶民生活との印象は、その後もしばしば此の地を踏まれたことによつてますます强められ、永くほのかな郷愁のようなものになつて、陛下のヒユーマニズムに特殊の色調と、ひとしをの深みを加えたもののように伺われる」（『貞明皇后』早川卓郎編纂・財団法人大日本蠶糸会）

つまり、この農家での生活は、後の貞明皇后にとっては、ある種の自信につながったのである。庶民の生活を自分は知っている、経験しているという自負が、雲上人《うんじょうびと》の世界において良い方向へと作用した。質素を旨として養蚕や農業に特別の関心を示し、福祉や慈善活動に熱心だった彼女の「淵源《えんげん》」が、この幼児体験だったと前掲書は書いている。「私は小さいころ農家で暮したから」としばしば口にしたという。

これは令和の時代の雅子皇后の幼少期と比較してみると興味深い。外交官の令嬢として世界各地で生活した雅子皇后は語学が堪能である。しかも外交官としてのキャリアもあり、これまでも外国の王族たちとの交流には熱心だった。即位の礼「晩餐《ばんさん》会」で次々と諸外国の王族、貴族と自然に挨拶を交わし、通訳がいても直接、流暢《りゅうちょう》な外国語で会話をした。それは雅子皇后が育った特殊な環境を日本の国民が肌で感じた瞬間であった。そしてどんな海外のセレブにも物怖《お》じしない堂々とした皇后を誇りに思った。もちろん溢れるような笑顔で接客をする皇后自身が、最も大きな自信と誇りを抱いていたことだろう。

デンマークのフレデリック皇太子ご夫妻と歓談される皇太子（当時）ご夫妻。雅子さまの生き生きした表情が印象的だ〈平成29（2017）年10月12日〉（代表撮影）

いずれにしても、幼少期の経験は人間形成において大きな影響を与えるものである。成功体験として記憶されているならばそれは自信につながり、自らの拠って立つ軸になることがわかる。

明治21（1888）年11月10日、大河原家に九条家から節子姫を迎える使者が来た。まだ4歳になったばかりだったが、もう4歳でもあった。いよいよ学齢期が迫っていた。

4　華族女学校

野性的でお転婆な「おひいさま」

東京府東多摩郡高円寺村の大河原家から赤坂福吉町の九條邸に引き取られた節子姫は、まだ4歳だった。実家で暮らすのは、この時が初めてである。なにしろ生後7日で他家に預けられていたのだから。

どうも、自分の両親はどこか他のところにいると節子姫は気づいていたようだ。時々、衣類や玩具などが実家から送られてきたし、「おひいさま」と呼ばれて特別に大事にされていた。迎えの者が来たときは、聞き分け良く大河原家を後にしたという。

しかし、環境の変化は強烈だったはずだ。九條家は万事が京風の家であり、言葉遣いから所作全般にいたるまですべて違った。他の兄弟、姉妹もいる。使用人の数も多い。お山の大将ではいられなかった。

少女時代の節子姫〈撮影日不明〉（共同）

一方で、4歳の娘を引き取った九條家の両親も戸惑ったのではないか。元気に育ったのはよいものの、姫はあまりに野性的でお転婆《てんば》だった。
実は、お転婆ということにかけては、この後に皇太子妃になっても、たびたび周囲の者を驚かせた。「なんとおてんばなお妃さまだろうと思いましたわ」と、若き日の節子妃の姿を率直に回想した女性がいる。終戦に向けて、御前会議で昭和天皇に「ご聖断」を仰いだ宰相鈴木貫太郎の妻、孝子（足立タカ）だった。孝子はかつて、3人の皇孫たちの御養育掛として仕えた。ある大雪の日に率先して庭に下りると、長靴をはいて女官たちと歓声を上げながら雪合戦に興じる節子妃を見て仰天したのだ（『貞明皇后』主婦の友社編）。こんな皇太子妃は初めてだった。それまでは京都御所の奥深くで、静かに暮らす姫たちの時代が長かった。
従来の女子教育はもっぱら家庭での学習に頼っていたのである。明治天皇の后だった美子《はるこ》皇后は一條家の出身だ。幼い頃から京都の自邸で、父親のみならず多くの家庭教師が彼女の勉学の指導にあたっている。3、4歳からよく『古今和歌集』に親しみ、成長するにつれ習字、箏曲《そうきょく》、作歌、笙《しょう》などを学んだ（『皇后の近代』片野真佐子）。美しい上に才媛の誉れが高かった。

時代は変わって、明治20年代に注目を浴びていたのは、華族女学校の存在だ。明治の御世を迎えて、人材の育成は政府の重要な課題だった。そして、女子にも新時代にふさわしい教育が必要だという信念の下に、学習院女子部が開校したのが明治10（1877）年である。明治18（1885）年には華族女学校と名を変えて生徒数も143人となる。主に皇族、華族の娘たちを対象とした学校だった。

幼少期から、美しさと聡明さが知られていた昭憲皇太后（宮内省提供）

中心となって動いたのは美子皇后である。昭和10（1935）年に刊行された『女子学習院五十年史』によると、「畏《かしこ》くも皇后陛下の懿旨《いし》により興立あらせられたる華族女学校は」との文言がある。同校は四谷区尾張町皇居附属地内に新築され、皇后は「畏くも御自ら開校式を御執行あらせられたり」と書かれている。

確かに美子皇后がいかに肩入れをしていたかは、同書の年譜を見ても歴然だった。開校以来、ほとんど毎月のように皇后は授業を参観し、明治19（1886）年の7月には卒業証書を自ら授与した。これ以後、卒業証書授与は毎年続けられる。また、この年は皇太子（後の大正天皇）が12月1日、15日、28日と続けて授業参観をした。翌20年の1月28日、3月7日にも同校を訪れている。皇太子は明治12（1879）年生まれなので、まだ7歳だった。他の皇族たちも頻繁に学校に御成りで、華族女学校に対する皇族たちの強い思い入れが感じられる。

嫁入りは家格を上げるチャンス

九條家でも、当然ながら学校教育に期待を寄せていた。実家に引き取られた節子姫は、まずは3カ月後の明治22（1889）年2月5日から高等師範学校女子部附属幼稚園に通うようになる（『孤高の国母　貞明皇后』川瀬弘至）。高等師範学校の附属幼稚園は明治9年に創設され評判も良かったが、一般の子供たちも入園していた。華族女学校附属の幼稚園は明治27（1894）年まで、その開園を待たなければならなかった。

節子姫が華族女学校初等小学科第三級に入学したのは明治23（1890）年9月のことだ。

この2年前に姉の籌子が入学している。籌子についてはあらためて詳しく述べたいが、彼女は明治25（1892）年に婚約が調い退学した。まだ10歳だった。

華族女学校における節子姫の武勇伝は数多く残されている。入学した年には、突然クラスで奇妙な歌を歌い出した。「オッペケペ、オッペケペッポ、ペッポッポー」と聞いても、同級生にはさっぱり意味がわからなかった。これは講談師で後に興行師となった川上音二郎が、明治20年代の初め頃から流行《はや》らせた歌だった。

しかし、そんな流行歌を口ずさむ家族や使用人が九條家にいるわけもなく、大河原家で見聞きした芸だった。こうした大河原家の野趣溢れる空気が節子姫は気に入っていた。九條家に戻ってからも、学校が休みの週末や夏休みには泊まりがけでたびたび遊びに帰った。

もう一つだけ、いかにも腕白《わんぱく》なエピソードを紹介すると、この頃の華族女学校では、生徒たちが「賊軍官軍遊び」というものに興じていた。詳しいルールは不明だが、とにかく敵と味方に分かれて戦う。一種の戦争ごっこに近いものだったのだろう。動作が敏捷《びんしょう》な節子姫は常に級友たちを従え、大将格におしたてられて大活躍をした。きわめて小柄で、色黒で、クラスの人気者だったと前掲の『貞明皇后』（主婦の友社編）には記されている。

いくらクラスのムードメーカーとして人望を集めていても、実家の両親は気鬱であったのではないだろうか。後に九條家と家族ぐるみで交遊のあった青柳文子は、次のように述懐している。

「道孝公は常に節子姫は何処か田舎の豪家にでもお嫁にやるつもりだと云つてをられ、平素から平民的に育てゝゐられました」（『孤高の国母　貞明皇后』）

しかし、これが道孝の本音だったとは、とても思えない。前述したように、九條家は結婚戦略にかけては秀でた名家である。ただ手をこまねいて見ていたわけではない。しかも、節子姫の長姉の範子は山階宮菊麿王に嫁ぎ、次姉の籌子は西本願寺の法主、大谷光瑞の裏方となった。古い家柄を誇る華族にとって、娘たちは家運を繁栄させる大事な持ち駒の一つ一つである。ある意味では家を継ぐ長男よりも大きな期待を懸けられていた。長男は華族以上の身分にはなれないが、娘たちは華族よりも家格が上の皇族になるチャンスを秘めていたからである。節子姫も特等の淑女に育てて、しかるべき皇族に嫁がせたいという気持ちは強かったろう。

結婚を祝賀する記事の中身とは

節子姫の皇太子との婚約が正式に発表されたのは明治33（1900）年2月11日。そしてほぼ3カ月後の5月10日に晴れてご成婚の日を迎えた。この日以降に、結婚を祝賀する書物が次々と刊行された。令和の時代なら、記念のムックや写真集が出るところだろう。

九條節子姫の生い立ちなどを綴《つづ》った書物も、おおむね似たような内容なのだが、その中で突出して興味深いのが『明治才媛美譚』である。同書の初版が発売されたのは明治33年6月3日だった。ご成婚から3週間足らずで発売されたわけだ。

目次を見ると39人の令嬢たちの名前が並んでいる。その冒頭が九條節子姫で、続けて一條經子《つね》嬢、毛利萬子《かずこ》嬢の名前が続く。いずれも早い時期に皇太子妃の候補となった少女たちだ。版元の博文館では、めぼしい華族令嬢たちをすでに取材して準備を進めていた。

しかし、その内容は現在とはいささか異なる。思えば今上陛下が独身時代も、平成元（1989）年になると、さかんにお妃候補についての報道がなされたものだ。その一端を紹介してみたい。

留学のために英国に向かう雅子さま。お妃候補として名前が挙がっており、空港に取材陣が押し寄せた〈昭和63（1988）年7月1日〉

有力候補として波多野真理さん（23歳・当時、以下同）、小和田雅子さん（25歳）、徳川冬子さん（23歳）、北白川尚子さん（22歳）といった名前が挙げられている。そして雅子さんの父である小和田恆《ひさし》氏を知る近所の人たちの談話が週刊誌に載った。

「道で会ってもツンとして、挨拶もしない人です。エリートの権化のようなイメージを受けますね」

「もしお妃ということになれば、父親の恆さんが〝皇室に嫁げ〟と因果を含めた時のような気がします」

さらに、小和田邸は約150坪あるが、土地は母の実家の江《え》頭《がしら》豊《ゆたか》氏（元チッソ会長）の名義であることまで調べている（『週刊テーミス』1989年9月20日号）。

この記事からは、候補のお嬢さんよりもその家庭環境や経済状態に注目が集まっていて、ずいぶんとえげつない筆致だ。

一方、『明治才媛美譚』は、もっと節子姫本人に寄り添った記述が多い。家族背景を述べてから次のような説明がある。「姫《ひめ》の御誕生《おたんじょう》ありける時《とき》は漸《よう》やく三歳《さい》になり玉《たま》へる籌子《かぞこ》姫《ひめ》の在《お》はしければ御養育《およういく》の都合《つごう》に依《よ》りて姫《ひめ》をば左《さ》る田舎《いなか》の富家《ふうか》に預《あず》けて養育《よういく》を託《たく》し玉《たま》ひける」

籌子が数えで3歳とは今の2歳である。そこに節子姫が生まれたので、他家に養育を託したというのは、両親の本音ではなかったろうか。しかも、実は同時期に若い側室が出産をする予定だった。しかし、皇太子妃になった後に出た書物では、とてもそんなことまでは書けなかった。

当時の華族令嬢に関する記事は、まずは両親に孝養を尽くしているか、家の使用人に優しく接しているかが重要なポイントとなった。そこは申し分ない優しい姫君だと綴ってから核心の記述が始まる。
「節子《さたこ》姫《ひめ》には富家《ふうか》とは申《もう》せ田舎《いなか》にて御成長《おせいちょう》あらせ玉《たま》ひければにや御帰邸《おきてい》あらせ玉《たま》へる當座《とうざ》はお言葉《ことば》つきと云《い》ひお振舞《ふるまい》と云《い》ひ何處《どこ》となく斯《か》かる高貴《こうき》の御方《おんかた》には相應《ふさわ》しからぬ節《ふし》も在《お》はしける」（『明治才媛美譚』）

　田舎育ちのために自宅に戻った時は言葉遣いや振る舞いが高貴な姫君にはふさわしくなかったというのだ。しかし、「姫《ひめ》の御言行《おげんこう》も何時《いつ》となく改《あらた》まり來《きた》りて一二年《ねん》の後《のち》には九條家《じょうけ》の姫君《ひめぎみ》と申《もう》すも少《すこ》しも耻《はず》かしからぬまでになり玉《たま》ひける」ということで、姫もすっかり身分にふさわしい言行となったかのように書かれているが、どうもそう簡単ではなかった。4歳の姫が5歳、6歳になったから急にマナーが良くなったとは考え難い。

　案の定、節子姫が10歳になった時に生母から説教をされた。同書の中では「中川局《なかがわのつぼね》と申《もう》さる〻が」とだけ書かれていて、それが生母かどうかは、はっきり示していない。ご成婚と同時に側室の娘であることは公表されたが、まだこの本の編集段階では、開示してよいのかどうかの確信が持てなかったのだろう。

なるべく口を利かないように

　その中川局の言葉をかみ砕いて紹介すると次のようになる。

ある日、姫に向かって「すべて女子というものはよろずにおいて物静か、物優しくするべきである。姫は近頃は『最と痛《いいた》う御振舞《おんふるまい》』があらたまっているのは何よりだが、なおこの上もよくよく気を使ってくれるように」という母からのお達しだった。

柔らかく表現はしているが、姫の「最と痛う御振舞」に困っている様子が垣間見える。この中川局の言葉を姫は金科玉条のごとく守って、13歳の頃からは、「天晴《あっぱ》れなる姫君《ひめぎみ》」となったと同書は記しているのだが、なかなかどうして、親の苦悩や心配は続いたようだ。13歳といえばすでに節子姫は皇太子のお妃候補に挙げられていた。節子姫を立派な姫君に仕立てるのは、九條家にとっては喫緊の課題だったのだろう。

13歳になった節子姫の心構えを書いた文章を、やはり現代風に書き直してみたい。

姫が特に心掛けたのは、言葉とは、高貴な人も卑しい人も、口より災いが起きるわけで、なるべく口を利かないことがよいだろうと心に決めた。それまでは、心に浮かぶことは何事も遠慮なく口にしていたのだが、これ以後は言葉を控えて、よくよく必要なことしか喋《しゃべ》らなくなった。そうしたら学友からは、付き合いの悪い人と言われることもあったが、心ある友達からは慎み深い方だと思われた。

華族女学校といえば高位顕爵の令嬢がたくさん入学しているが、中には「出來星紳士《できぼししんし》」の娘たちも通学しているので、ずいぶんと粗雑な言葉を使い野卑な振る舞いをする者もいないわけではない。しかし、姫は毅然としてそうした言動を見せる級友たちを無視したとのこと。

文中に出ている「出來星紳士」とは、今では忘れられた言葉だが、新興成り金を揶揄《やゆ》した呼び名だった。とかく下品な言動の多い富裕層が、娘を華族女学校へ入学させたようだ。明治23（1890）年度の生徒数は320人だが、その中で皇族は2人、外国人4人、華族は158人、士民が156人となっている。

これまで見てきたように、節子姫が華族のお姫様にふさわしい姿に仕上がるまでには、家庭での努力が相当にあった。また、親が心配するくらいだから、華族女学校での節子姫の評価はあまり高いとは言えなかったようだ。ただし、成績は高学年になるにつれ優秀になっている。

実は皇太子妃の候補はある時期は伏見宮家の禎子《さちこ》女王に内定していた。明治26（1893）年頃のことである。しかし、こうした内定が下されたからといっても、途中で変更になる可能性は残されていた。九條家はあきらめてはいなかった。

5 妃殿下選考①

嘉仁皇太子のお妃選び

嘉仁皇太子のお妃選びは、どのように推移したのだろう。本格的な調査が始められたのは明治24（1891）年ごろからである。天皇の内意を受けた徳大寺実則《さねつね》侍従長が、候補になりそうな娘たちをまずは選ぶ。彼女たちを常宮昌子《つねのみやまさこ》内親王（明治天皇の第六皇女）や周宮房子《かねのみやふさこ》内親王（同第七皇女）の遊び相手という名目で、高輪御殿に呼んだ。その結果、伏見宮家の禎子女王に決まったのが明治26（1893）年5月のことだった（『昭憲皇太后・貞明皇后』）。

禎子女王は節子姫より一歳年下の明治18（1885）年6月生まれで、皇太子は明治12（1879）年8月生まれである。しかし、一度は内定が決まったこの婚約は破棄される。なぜ、そのような事態になったのだろうか。言うまでもないが、皇太子の妃は、やがて皇后となる。宮廷で最も大きな影響力を持つ女性の立場が約束されているわけだ。

お妃の選考に関わった人々の多くが、やがて皇后になる令嬢こそは、国母にふさわしい女性をと思う。だが、同時に、建前としては皇室の弥栄《いやさか》のためであったとしても、本心では宮廷内における自身の立場に有利に働くかどうかを計算しての推薦もあった。

皇太子は美子皇后の実子ではなかった。皇后は子供に恵まれなかったため、明治天皇は側室との間に15人の子供をもうけたが、成人した男子は嘉仁皇太子だけである。しかも皇太子は、決して壮健というわけではなく、幼い頃からずっと病気がちだった。だから、早く結婚をして皇孫の男子が生まれてほしいと願う気持ちは、宮中の誰もが持っていた。

そこで早々と、皇族としては天皇家の次に格式の高い伏見宮家の禎子女王に白羽の矢が立った。禎子女王に関する情報を提供したのは華族女学校学監の下田歌子だったと推定される。それと、内親王2人の御養育掛を務める佐佐木高行が深く関与した。

美子皇后に重用され、皇太子妃選びに奔走した下田歌子

下田歌子という野心溢れる女性が、妃殿下選考のキャスティングボートをしっかり握っていたのは注目に値する。歌子について申し添えれば、嘉永7（1854）年、現在の岐阜県恵那市岩村町に生まれ、幼名を鉐《せき》という。勤皇派ではあるが下級藩士だった父の後を追って、母と共に18歳で上

京。翌年には宮中の女官として採用される。明治5（1872）年のことだった。そこから和歌の才能を美子皇后に認められ、歌子という名前を賜るほど寵愛された。

一度結婚して宮仕えを辞した歌子だったが、夫は約4年の結婚生活の後に病死した。その2カ月後の明治17（1884）年7月に、29歳で宮内省御用掛として宮中へ復帰をはたす。

皇后の肝煎《きもい》りで創設される華族女学校開校の1年前であった。明治19（1886）年に歌子は、その華族女学校の学監に就任する。年俸が1800円であり、これは当時の女性のサラリーとしては日本一だったろうと、松本清張は『昭和史発掘・特別篇』で述べている。

節子姫反対派の思惑と画策

明治26（1893）年から同28（1895）年にかけて、下田歌子は女子教育視察のため欧米を旅した。帰国の直前にイギリスのバッキンガム宮殿でヴィクトリア女王に拝謁している。日清戦争に勝利した東洋の島国に対して、イギリス王室としては最大の待遇を示したのがわかる。歌子は昭憲《しょうけん》皇太后という強力な後ろ盾を得て、一般女性が求め得るあらゆる栄誉を手にしたと言ってよいだろう。また、この時に歌子の外遊を強く天皇に進言し、帰国後は内親王や皇太子妃の教育に当たらせたいと述べたのが佐佐木高行だった。いわば箔《はく》づけのための視察だったのである。

佐佐木は時の内親王教育主任だった。歌子と共に推薦した禎子女王は、なんといっても皇族の娘であり、賢くて美形で性格も良かった。しかし、その禎子に対して肺に疾患があるという医師の診断が下された。まずは健康であることが、皇太子妃になるための第一条件なので、破談は当然の流れだった。天皇もその点では納得した。

内定が解消されたため、かつて候補として名前が挙がった北白川宮家、久邇宮家、一條家、九條家、毛利家、徳川家などの娘たちの中で、節子姫の名前が浮上する。しかし10年近くにわたって、禎子が皇太子妃となることを歌子と共に夢見てきた佐佐木の腹は納まらなかった。

その佐佐木は文政13（1830）年生まれで、明治維新前から明治43（1910）年に亡くなる直前まで、毎日、日記を付けていた。彼の日記をもとに昭和3（1928）年に『明治聖上と臣高行』が、平成15（2003）年には『佐佐木高行日記　かざしの桜』が、それぞれ編者を立てて刊行された。

それらを繙《ひもと》くと、佐佐木が皇太子妃の選考に異常なほど強く執着していたのがわかる。

「東宮妃とならせらるゝ方は、常宮の御学友として共に教育せねばならぬ御内沙汰を被り居る以上は、其の任に當るべき伯と下田歌子の責任は重且つ大であるから、御選定に就ては十分の注意を拂ふべき必要があるので、伯は深く之がため焦慮したのであつた」と『明治聖上と臣高行』の編者は書いている。

伯（佐佐木）も歌子も次なるお妃教育を取り仕切るつもりでいたので、禎子の婚約解消に関する2人の「焦慮」は大きかったのだ。やがて、節子姫の内定が正式に決まるが、引き続き佐佐木は次のように日記に記している。

「今日の時勢に昔時の如き内謁の弊も外戚の跋扈《ばっこ》も無之事は勿論なれども、生母の中川と申す女も随分□□□□□□（六字欠）為人にて今日より九条の本妻の如き気位あり、又節子方の姉□（籌）子は本願寺□□□□（大谷光瑞）の妻なり、宗教上尤公平を以て、天下一般の疑念を起す事ありては大に可憂事なり、夫是より考を下す時は老婆心起らざるを得ず」（『佐佐木高行日記　かざしの桜』）

とにかく節子姫や九條家が気に入らないばかりか、生母の中川局や姉の籌子にまで言及している。しかし、伏見宮家の禎子の生母も本妻ではなかった。また籌子が本願寺に嫁いでいる以上、宗教上の公平に関して疑念を起こすことはないかと批判しているが、昔から皇室や華族の娘が寺へ嫁ぐ例は多かった。仏教と神道の融和や共存こそが皇室のありようだった。

佐佐木がこうした繰り言を日記に縷々《るる》述べている間に、歌子が長野から出した手紙が届く。明治32（1899）年8月22日付である。よほど過激な内容だったらしく「大略　かねて御《おん》咄《はな》しあひ申候御あたりの事、弥大慶と痛心と云々。下略」と全文の筆写を控えている。その後で、このことは書くのも「恐多く筆を止めんと考へたるも」この巻は子孫のためと思って書いた。なぜなら子孫が皇室に「奉仕する時は」その情実などを心得て忠義を尽くすべきだからという。

さらに「自分は帝室に近侍せる事あるも其の要略に非《あら》ず候へは如何ともする能《あた》はず。依て子孫の参考とす」と続けている。佐佐木は自分が皇室の大筋にはいなかったので、皇太子妃が節子姫に決まるのを止められなかった。しかし、子孫は自分の日記を参考にしてほしいという意味だ。土佐藩の貧しい藩士の息子だった佐佐木は、皇室での勤めは、子々孫々まで続けさせたい生業と考えていたようだ。自分が采配を振って皇太子妃を決めて、後々まで、子供たちは皇室の大筋に残ってほしいという希望と野心が透けて見える。

美智子さま婚約までの複雑さ

いずれにせよ、佐佐木の日記には悪態の限りを尽くして節子姫や九條家を貶《おとし》めた記述が数多く見受けられる。

皇太子妃の選考過程とは、なんと生臭い権力闘争だったかが佐佐木の日記からはうかがい知ることができる。いつの御世でも簡単には進まないのがお妃選びというものなのだろうか。

昭和天皇が皇太子の頃も、お妃の選考を巡っては、皇室の危機を招きかねない大論争が巻き起こった。これについては、序章にも記した。

また現在の上皇が皇太子だった頃については、美智子上皇后との軽井沢のテニスコートでの劇的な出会いから結ばれたというのが定説となっている。その通りではあるが、加藤恭子が平成14（2002）年に著した『田島道治　昭和に「奉公」した生涯』によって、さらに当時の事情が明らかになった。

著者の加藤は、昭和43（1968）年に83歳で他界した田島道治《みちじ》の遺族に信頼され、彼の残した日記を読解して伝記を編んだ。

宮内庁長官を辞したばかりだった田島は、昭和30（1955）年3月に宇佐美毅《たけし》宮内庁長官に頼まれ、東宮妃探しに協力することになった。小泉信三（東宮御教育常時参与）と宇佐美長官と田島の3人はしばしば会合を持って情報交換をしている。

この経緯について田島は日記に書き残した。前出の佐佐木と違って事実を淡々と記すだけで、しかも候補の女性の多くはイニシャルで書かれていた。それでも、この日記によって、お妃選びが着地するまでいかに迷走したかがよく伝わってくる。

昭和30年の10月に皇太子がT伯爵に言及したことから徳川文子の名前が挙がるが、途中で立ち消えになったようだ。

動きが忙《せわ》しくなるのは昭和31（1956）年からだ。8月下旬には皇太子と田島、小泉の3人が軽井沢へ行き、お目当ての女性のOを視察する。田島は失望したと書いているのだが、翌年には天皇の了承を得てO家を訪ねた。しかし辞退される。

昭和32（1957）年夏に皇太子は正田美智子さんと軽井沢でテニスをした。これが初対面で、10月には東京のテニスコートで再会。美智子さんのポートレートを撮って、それを友人に頼んで正田家まで届けてもらったのは、11月のことと思われる。かなり積極的な行動だが、田島の10月21日の日記に表れているのはＫという別の女性の名前だ。田島も周囲もＫに賛成する。ところが昭和33（1958）年1月15日になって、田島が小泉を訪ねると、Ｋの家系に色覚障害の問題があるのがわかる。先方から辞退という形で破談にするよう田島は小泉に言うが、小泉は納得しなかった。3月3日になってもまだ田島は、Ｋを思い切ってＨを調べるなどと書いている。ＫもＨも守旧派の松平信子の推薦だったらしい。

婚約決定前、軽井沢のテニスコートで皇太子（現上皇陛下）のプレーを見る美智子さま（中央）。左は妹の恵美子さん、右は母の富美子さん〈昭和33（1958）年8月〉

ようやく田島日記にＳｈｏｄａというローマ字が登場するのは、4月12日になってからである。2月には皇太子自身が美智子さんを候補に加えてほしいと小泉に頼んだとする文献もある。田島が承知していたかどうかは不明だ。しかし、おおよその背景は想像できる。小泉はＫに色覚障害の問題があったとしても妃殿下に迎えたらどうかと考えるほど進歩的だった。その後の美智子さんとの縁談にも最も乗り気だった。一方田島は、たとえ東宮職関係者が唯一の希望として美智子さんに決めたい意向であったとしても、自分の考えはやや違うと書き残している。おそらく松平信子、高松宮妃、秩父宮妃、そして良子皇后などの反応を懸念していたのだろう。

立ち位置のぶれない皇太子妃

皇太子の婚約発表記者会見が行われたのは11月27日であった。民間出身の美しい美智子さんを国民は熱狂的な拍手で迎えた。もちろん、それまでにどのようなドラマがあったかなど知る由もなかった。その意味では、貞明皇后の婚約までのプロセスと同じ複雑さを孕《はら》んでいた。

正田家側の動きに関しては、まだ不明の部分が多々ある。戦前と戦後では皇室に対する観念も変化したので比較は難しい。だが、九條家は早くから節子姫を皇太子妃にと狙い定めていたようだ。孝明天皇の女御だった英照皇太后が、生前にそれを強く望んでいたという説もある。また、佐佐木高行の日記には、九條家が女官を通して運動をしたという記述もある。初めは節子姫と姉の籌子も候補に入っていたのだが、籌子は明治25（1892）年に華族女学校を退学している。そして西本願寺の大谷光瑞との婚約を調えて京都に送ってしまった。候補を節子姫だけに絞りたい意向があったのではないだろうか。いずれにしても、九條家側は打てる手はすべて打っての婚約成立だった。

節子姫と正田美智子さんがプリンセスになってから歩んだ道は、まったく異なる。しかし共通しているのは、お世継ぎの男児を出産し、福祉や慈善活動に心を注ぎ、国民の熱い支持に支えられていたことだった。時代が変わっても、プリンセスとしての立ち位置がぶれることは決してなかったのである。

第3章

軋轢

1 成婚パレード

ご成婚と新時代の幕開け

嘉仁《よしひと》皇太子と節子《さだこ》姫のご成婚は、明治33（1900）年5月10日に執り行われた。九條節子姫は、この日を境に節子妃となった。

国民の多くが新時代の到来を確かに感じていただろう。明治維新があって、天皇、皇后は京都から東京へ引き移った。その後の日本の発展は凄まじかった。貪欲に、あるいは強欲に、西欧の文明、文化の吸収を急いだ。開国後に初めて触れた異国の実態から、政治家たちは国の制度を早急に作り上げる作業に熱中する。長い歴史の中で、国民の天皇に対する篤《あつ》い尊崇の念は、驚くほど変わらずに保持されていた。その一方で、権力をすべて天皇に集中させる試みは、大きな冒険だったともいえる。

帝国の滑り出しは順調だった。あえて言うならば、国民を団結させるために最も有効なツールとしての機能を、明治天皇は備えていた。

しかし、天皇に現人神《あらひとがみ》の役割を背負わせるのは、かなり過酷な要求でもあった。まして、現人神の後継者である嘉仁皇太子は、多くのプレッシャーに晒《さら》される運命だった。皇太子妃となる女性もまた同じ道程にいた。その第一歩が、この日に幕を開けた。

ここでもう一度、考えてみたい。なぜ、節子妃がまだ妃殿下候補だった頃に、その容姿が問題となったのだろう。現代に至るまで、それが彼女の欠点であり、選考の妨げとなったと書く研究書が刊行され続けている。

洋装姿の貞明皇后〈大正4（1915）年〉（共同）

前述（第2章）したように、華族女学校の学監だった下田歌子が、節子妃に関するネガティヴな情報を流した。その一つが色黒であり、不美人だというものだった。実際、ご成婚にあたっての『毎日新聞』の取材に対して、歌子は「これと取り立てて申すべき花々しき御事などはなかりしが、未来の国母として、些少だも欠点を有し賜わざる御方」と答えている。可もなく不可もなしという評価だ。

確かに、幼い時期の節子姫の写真を見ると、まるで少年のような雰囲気である。だが、入内した後の姿は、急速に大人の女性へと脱皮している。

すでに述べたように、三笠宮家の百合子妃殿下は、貞明皇后が不美人だと思ったことは一度もなかったと語っておられる。むしろ「お美しくて、長い見事な黒髪を束ねて頭の上のところで丸めたお姿を憶《おぼ》えています」とのことだった。

きわめてボーイッシュで健康な華族の姫君は、皇太子妃となって日に日に女性らしさを増していったのだろう。結婚後次々と3人の男児にも恵まれた。そもそも美人、不美人の査定とは個人の好みの範疇《はんちゅう》だ。それをあたかも既成事実のように書いてしまう歴史叙述は、つくづく怖いと思う。

実は節子妃の美しさや魅力に、はじめから気づいていた男性もいた。

美しい妃と幸福そうな皇太子

まず、この婚礼は史上初めての国民参加型であった。明治天皇の婚姻までは京都御所の奥深く、神式で行われた。ところが、嘉仁皇太子と節子妃からは、新しい様式によって、記録に残る形で挙行された。

近衛騎兵に守られながらご成婚パレードをする皇太子嘉仁親王（大正天皇）と節子妃〈明治33（1900）年5月10日〉（提供写真）

この日は、宮城《きゅうじょう》の賢所《かしこどころ》で古式ゆかしい黄丹袍《おうにのほう》の束帯を着た皇太子と十二単《ひとえ》姿の節子妃が、おそろいで玉串を奉じた。それから皇太子が御告文《おつげぶみ》を読み上げ、その後、外陣において神酒《みき》を受けた。厳かなこれら一連の儀式が終わると、二人は洋装に着替えて天皇、皇后に拝謁する。

朝見の儀の後は、午前11時からいよいよ新時代の婚姻の幕開けだった。四頭立ての馬車に乗って宮城から仮東宮御所までをパレードするのである。これまで、一般の人々が、結婚したばかりの皇太子夫妻を実際に見ることなどあり得なかった。ところが、この日は沿道に数十万人の群衆が詰めかけ馬車の到着を待っていたのである。あまりの人数に、警備が間に合わず、車道に溢れ出てしまった見物人もいた。まるで轟《とどろ》くような大歓声の嵐の中を馬車は進んだ。皇太子は陸軍歩兵少佐の正装で、節子妃は純白のマント・ド・クールである。

その姿を拝した人の中に、後の宮内庁長官となる田島道治がいた。節子妃より1歳年下の田島は日比谷の府立第一中学校の生徒だった。学校近くの桜田門を入ったところで、一般市民に交じって二人が乗った馬車が通り過ぎるのを目と鼻の先ほどの間近な距離で見上げた。

まさか田島は、自分が将来、宮内庁長官となり、やがて節子妃の孫にあたる明仁《あきひと》皇太子（現・上皇）の妃殿下候補の選考に深く関わる立場になろうとは、夢にも思っていなかっただろう。

「そのときの妃殿下のお召物は、純白のご洋装で、たいへん気品高く、清楚な感じをただよわせておいでになったように記憶しています」（『貞明皇后』主婦の友社）というのが田島の印象だった。

もう一人、深い感慨を持って節子妃の姿を目で追っていたのは医師のエルヴィン・フォン・ベルツだった。ベルツは明治9（1876）年から26年間にわたって東京帝国大学医学部のお雇い外国人教師だった。明治天皇の御用医師としても深い信任を得ていた。そして九條節子姫が皇太子妃にふさわしいと強く推挙した一人でもあった。

明治33年5月10日の日記にベルツは次のように記している。（『ベルツの日記・上』トク・ベルツ編、菅沼竜太郎訳）

「宮中での結婚式は、古代日本の宮廷衣裳で行われた。それから、洋装の新郎新婦は儀装馬車で、宮城から青山の東宮御所に向われた。そこで午後一時に、東宮は直接関係のある人々だけにお会いになった。東宮はお元気な様子。妃は大変お美しい」

さらに5月12日には、日記に一行だけ書き付けた。

「東宮は、新婚の夫として至極幸福のように見受けられた」

この少し前の3月23日、葉山御用邸で、ある会議が開かれていた。今の東宮の健康状態で、5月のご成婚に差し支えがないかどうかが議題だったのである。東宮の体重が前年に比べて減少しているためだった。ベルツは「早い成婚が東宮に良い影響をもたらすだろう」と考えていた。それだけに美しい妃と幸福そうな皇太子の姿を見て、関係者の心配は杞憂《きゆう》にすぎなかったと安堵《あんど》したのだろう。

希望の光を見いだしたハーン

ベルツ以外にも、もう一人、日本在住のきわめて著名な外国人が、ご成婚のパレードを待ち侘《わ》びていた。同じく東京帝国大学で英文学を教えていたラフカディオ・ハーンである。やはり妻は日本人で、3人の息子をもうけていた。明治23（1890）年に来日し、年齢はベルツより1歳だけ年下だった。自らを小泉八雲と名乗るほど日本人と日本の文化を愛していた。

作家として英語圏の読者に向けた『日本瞥見記《べっけんき》』（上・下）、『怪談』などの著作を次々とアメリカで出版し、すでに名を成している。そのハーンが、どこからか節子妃についての情報

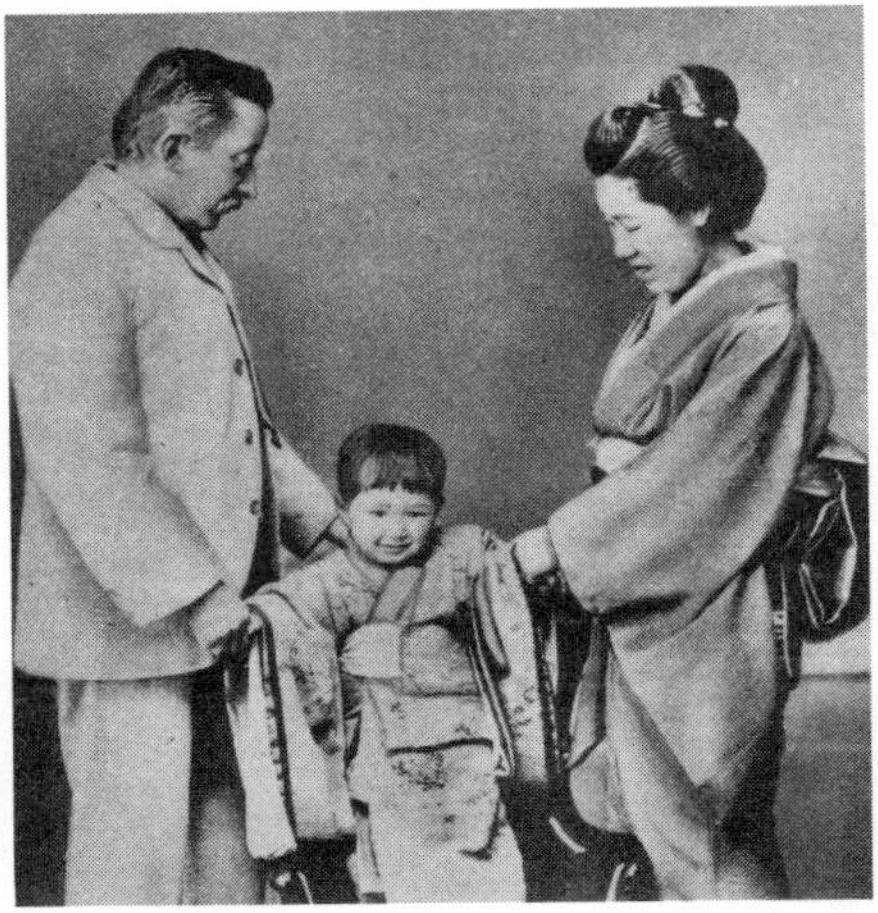

ラフカディオ・ハーン（左）と妻のセツ（右）、中央は長男の一雄

を得て強い関心を示した。

当日は家族でパレードを見に行く予定になっていた。ところが、この朝、出発を急ぐ母親にせきたてられた6歳の長男・一雄が、コーヒー茶碗を引っくり返してしまった。さんざん母に叱られ、泣いてぐずっている一雄に、ハーンは「訓戒」を与えたという。

「過失《あやまち》ですから仕方がありませんと思うないよき。過ち一番恐ろしいです。火事、人殺し、汽車の衝突、船の沈没、戦争《いくさ》などすべての大きい心配のこと皆過ちから起ります。過ちするないよう注意しまショ。ママさんに御免御免いいまショ。早く涙拭いて皇太子様とあの丈夫のお姫様との婚礼の行列、見にまいるよろしい」（『小泉八雲　思い出の記　父「八雲」を憶う』小泉一雄・小泉節子）

ハーン独特の言い回しで語られた日本語は含蓄に富んでいる。

折から、日本では日露戦争の危機が叫ばれ始め、ハーンの不安も大きかった。日本全体が、一種の恐露病に怯《おび》えていた。それだけに、「丈夫のお姫様」にハーンが見いだした希望の光が、彼の言葉からは垣間見える。世に蔓延《まんえん》する悲観的な空気を、若い皇太子夫妻が吹き飛ばしてくれるような気分になったのは、ハーンだけではなかっただろう。

さらに同書によると、後日ハーン一家は節子妃がかつて預けられた高円寺の農家まで訪ねている。素朴な居間を見せてもらい、「その如何にも鄙びて御質素なるに、父は『何ぼう面白い』と甚《いた》く感動いたしした様子でありました」と一雄は書く。

すぐに助手に命じて、資料集めを始め、節子妃に関する書物の執筆を考えた。しかし、明治37（1904）年9月26日に、突然の心臓発作に襲われハーンは54歳で急逝する。したがって、節子妃の伝記は幻のまま終わった。

田島道治、エルヴィン・フォン・ベルツ、ラフカディオ・ハーンの3人が、それぞれリアルタイムで見た節子妃像に魅力を感じたのは面白い事実と言えるだろう。

記念すべき婚姻のパレードは日本の国民にとっても輝かしい思い出となった。この時から、昭和天皇、上皇陛下、今上陛下と3代にわたる皇太子の結婚式の後には、必ずパレードが恒例となった。群衆は沿道に駆けつけ思い切り手を振り、声を限りに声援を送ることとなる。それは国民と皇室を結ぶ大きな絆となった。

だが、新たなプリンセスを迎え入れた昭憲《しょうけん》皇太后の気持ちはどのようなものだったのだろう。残念ながら詳しい資料はない。

大正13（1924）年1月26日に、摂政宮（裕仁《ひろひと》皇太子）の結婚で、いよいよ姑となった貞明皇后の心情についての推測はある程度可能だ。宮内大臣の牧野伸顕が前々年の7月21日に、貞明皇后より具体的な意見を聞いて、詳細に日記に書いているからである。

長くなるので要約すると次のような次第だった。まず、明治33（1900）年に行われた大正天皇との結婚の「程度を越へざる範囲」で準備をすること。次になるべく国産品を使用すること。3番目に、どうしても儀式上必要なものは準備するのが当然だが、「質素を旨とし努めて華美を避くべき事」が挙げられた。

「貧富の懸隔益々深く実に容易ならざる傾向」だから、「皇室より質素簡易の範を御示しになる事時宜に適するもの」だという主張だ。

パレードに憤慨する〝姑〟たち

しかし、これは表向きの理由だったろう。もともと貞明皇后はこの結婚に反対だった。したがって、豪華な挙式は気が進まなかったと思える。

摂政宮の妃となった良子《ながこ》妃（香淳《こうじゅん》皇后）の伝記『皇后さま』では、著者の小山いと子が次のような文章を書いている。

「盛大とか豪華とかいうならば、同じ御婚儀であっても、弟の雍仁《やすひと》さまのときの方がはるかにそうで、お車なぞも金色燦爛とした二頭立ての馬車であった。こっちは簡単な自動車でおすましになっている。万事がひどく質素で地味である」

なんと馬車のパレードもなかったというわけだ。ここに、姑としての貞明皇后のわだかまりが如実に表れているような気がする。

やがて、香淳皇后が、皇太子の妃として民間から正田美智子さんを迎えたのは昭和34（1959）年4月10日だった。この結婚について香淳皇后が難色を示したのは周知の通りだ。歴史は繰り返されたのである。

侍従だった入江相政《すけまさ》の日記には皇后の了承を取り付けるまでの様子が微細に記されている。すでに婚約が発表になった後の3月12日の『入江相政日記』を見てみよう。

「皇后さまが今度の御慶事の馬車六頭、御大礼の時の御自身のも四頭だった、憤慨だとかおつしやつたとの事。何事だといつて憤慨する」

ここで「御大礼」とあるのは、昭和天皇の即位の式典を指す。結婚のときは自動車であった事情を知っていると、香淳皇后の憤慨ぶりも理解できよう。

今上陛下が小和田雅子さんと結婚した時のパレードに関して、上皇后美智子さまの思いを記した文書は今のところ発表されていない。

ただ、天皇家に限らず、一般的に結婚式とは、やはり新郎の母親、つまり姑がかなりの発言権を持っていたのは、明治時代から現代まで、さして変わっていなかったのかと思うと興味深い。

2　病とご心痛

15歳の節子妃の負った責務とは

　貞明皇后を終生にわたって苦しめたのは、大正天皇にまつわる負のイメージではなかっただろうか。明治天皇のたった一人の成人した男子だった嘉仁皇太子は、生まれた時から蒲柳《ほりゅう》の質であり、幾度となく重い病の床に臥《ふ》した。その度に周囲はまさに薄氷を踏む思いをしている。天皇の息子は他にいなかったからだ。

　それと同時にいっぷう変わった性格も危惧の対象となった。地位や育ちに似合わず思った通りに行動して、気軽に発言する。きわめて抑制的な明治天皇とは正反対であった。それはまるで、父親が背負っている歴史の重みに、息子が強く抗《あらが》っているようにも見える。

　入内したばかりの節子妃は、自身の配偶者のこうした気風について、わずかな情報しか持っていなかったと思われる。それと同時に、宮中に長く伝わってきたさまざまな儀礼や儀式

について の知識もじゅうぶんではなかった。父親の九條道孝《みちたか》は宮内省の掌典長であり、伯母は孝明天皇の女御《にょうご》だった英照《えいしょう》皇太后である。普通の華族の姫よりも宮廷のことについては詳しかったはずだ。それでも、なまじっかな知識では追いつかないほどの文化、習慣の厚みが、目の前に厳然として聳《そび》えていた。自らをこの新しい環境に適応させる以外に、他の選択肢はなかった。全身全霊をもって皇太子のプリンセスであり続けることが、15歳の節子妃の責務だった。

節子妃との結婚は、皇太子の内面において、どのような変化をもたらしたかを示すハードファクツは乏しい。皇太子の記した手紙や日記などは発表されていない。しかし、外面においては大きな変化があった。

皇太子は結婚と共に健康になったと書くのは、原武史著『大正天皇』である。明治33（1900）年5月23日から6月2日にかけて、新婚の二人は三重、奈良、京都を訪れ孝明天皇と英照皇太后の陵《みささぎ》を参拝した。その後、学校などを見学し、皇太子は京都帝国大学付属病院で、「たまたまそこにいた二人の患者の姿を見るに忍びず、自然に声をかけたのである。そばにいた病院長がとっさに質問に答えたが、思わぬ出来事に『患者は絶えず感涙に咽《むせ》びた』という」。明治天皇は一般人に声を掛けることなどなかった。結婚によって、皇太子は人間としての感情を素直にぶつけることができるようになったのだと思える。

そして、この巡啓の間、皇太子はきわめて健康で溌剌としていた。

翌年の4月29日には迪宮《みちのみや》裕仁親王が誕生する。後の昭和天皇である。続けて明治35（1902）年の6月25日には淳宮《あつのみや》雍仁親王、後の秩父宮が生まれた。結婚して1年足らずで長男をもうけ、その翌年には年子の男児に恵まれた。皇統の継続を祈る宮中に広がった安堵と歓喜の声はさぞかし大きかっただろう。そして明治38（1905）年1月3日には3人目の男児である光宮宣仁《てるのみやのぶひと》親王、後の高松宮が誕生する。

結婚5年にして、3人の親王をなしたのだった。それでも節子妃は20歳の若さである。天皇家における結婚とは、家系を絶やさぬための制度と考えられていた中で、節子妃は期待に見事に応えた格好だった。

ちなみに皇統の継続という考えは、昭和34（1959）年までは、確実に宮中に残っていたと言えそうだ。明仁皇太子（現・上皇）が正田美智子さん（現・上皇后）に求婚をする過程で、「僕は家庭を持つまでは絶対に死んではいけないと思っています」と語った。それが美智子さんの心を揺さぶったとされている。結婚して男児が生まれるまでは死ねないという意味だった。したがって、女子であっても天皇に即位してかまわないといった考えが一部に顕在化したのは、ごく最近のことである。

もちろん、結婚当初は嘉仁皇太子も20歳の青年だった。15歳の妃との間に多少の行き違いはあっただろう。前にも記したように美貌の梨本宮伊都子《いつこ》妃が独身だった頃、新婚の節子妃を置いたまま、皇太子は伊都子妃の実家の別荘を訪ねたりしている。

その皇太子がさらに年を重ねれば、若い女官に対して興味を示したりもしたようだ。戦後になって何人かの元女官が、かつて皇太子に追いかけられて困ったという類いの回想をしている。（『女官』山川三千子、『椿の局の記』山口幸洋など）。これらのどこまでが実際にあったかは不明だ。ただし、特定の女官との間に大正天皇のご落胤《らくいん》がいたという話はあまり聞かない。

大正4（1915）年には第四皇子にあたる澄宮崇仁親王《すみのみやたかひと》（後の三笠宮）が誕生した。この後、大正天皇の健康は次第に衰えて病気がちとなる。

腸チフスからの復活と変化

一見すると幸せそうにも見える節子妃が、葉山の御用邸で高熱を発して腸チフスで倒れたのは、明治44（1911）年の3月だった。27歳の誕生日を迎える3カ月ほど前である。

この病気には、すでに前年に兆候があった。節子妃が体調を崩し、次のような和歌を詠んでいたのである。

「いかにせむああいかにせむくるしさのやるせだになきわが思ひ川」

「はてもなく千々に思ひの乱れてはわが身のほども忘れつるかな」

「一筋に誠をもちて仕へなば神もよそにはいかで見まさむ」

なんとも胸に迫って来る切ない調子だ。いったいなぜ、節子妃はこれほどの激情に苛《さいな》まれていたのだろうか。これらの和歌に関する解釈は諸説ある。古くからいる年長の女官たちとの軋轢《あつれき》。あるいは、皇太子のお手がついた女官がいたのではという推測。姑にあたる昭憲皇太后や、皇太子の実母である柳原二位局《にいのつぼね》との対立など、さまざまな可能性は考え得るが、はっきりとした証明は難しい。

やがて節子妃の腸チフスは全快して7月にはお床払いとなった。当時の日本では腸チフスが流行しており、死にいたる危険な病として恐れられていた。世界的な流行でもあり、まだ治療方法も確立していない。そんな時期の新聞には、腸チフス患者が御用邸のある葉山では出ていないのに、なぜ節子妃だけが感染したのかと疑問を呈する記事もあった。これは現代になって考えてみると、新型コロナウイルスと同様にチフス菌も、症状が出ないまま他者に感染させてしまう保菌者がいたのだ。それがアメリカで実証されたのは明治43（1910）年のことだった。公衆衛生学者のチャールズ・シェイピン（1856～1941年）が、何らかの事情でチフスに感染するのだが、ほとんど症状が表れず本人も知らない間に治ってしまうケースがあることを立証した。そうした人々をキャリアと呼ぶようになる（『病魔という悪の物語』金森修）。

したがって、節子妃の腸チフス感染は、今にして思えば、それほど不自然なことではなかった。どこかの時点でキャリアとの接触があったのだろうが、人為的とは考えにくい。回復した後の節子妃は周囲が驚くほど体質が一変して健康になった。大正4年生まれの故三笠宮崇仁殿下から直接伺った話がある。殿下はまだ生まれる前のことなので記憶はないが、他の方々から聞いたところでは、本当に大病をなさった後の節子妃はあるご覚悟が備わったように見えたと語っている。何かが吹っ切れたような感じだったらしい。

なぜ側室制度の廃止に悩んだのか

それにしても、なぜ節子妃は「いかにせむああいかにせむ」と悩んだのか。もしかしたら、その答えのヒントになるかもしれない記述が昭和26（1951）年7月号の『婦人之友』にある。宮内次官故関屋貞三郎夫人の衣《よ》（資料によって衣子）が寄せた「皇太后様の御ことども」と題された随筆だった。この年の5月17日に貞明皇后は狭心症の発作を起こし、66歳で急逝した。誰もが予想していなかった突然の旅立ちは、新聞、雑誌などで大きく報じられた。

関屋衣は敬虔《けいけん》なクリスチャンであり、貞明皇后の信任も厚い女性だった。この随筆は7月号に間に合わせるべく、急ぎ認《したた》めたと思われる。

まずは「御苦労の多かつた御一生だつた」とし、大正天皇は「お偉かつた明治天皇」の後を継いでたくさんの政務をこなす間に体調が優れなくなった。まだ皇子たちは幼くて頼りにはできず、天皇の病気のために国民を動揺させてはいけないと皇后は心を痛めた。それで「神経衰弱」にさえなりかかったと率直に書いている。しかし、日ごろの修養のお陰で打ち勝ったとある。明治44年の大患のことを指しているのだろう。

大正天皇が崩御した後、貞明皇后は「あの時はあゝすればよかつたのではないか、こうしたらよかつたろうかと、御心を痛めておられた」のが可哀そうに見えるほどだったという。「明治天皇の御時代とはちがつて、単純なる御内儀即ち家庭生活をお守りになり、正しい道をお示し下さつたことを私共は本当に御尊敬申し上げるのでございますが、陛下の御身を御案じになるあまり、後宮の如きをお入れにならず、清く貫らぬき通されたことすらも陛下のためにいかゞなものであつたろうかと仰せられたことさえあつた」と書かれている。

確かに、皇太子妃に立て続けに3人の親王が生まれたため、後宮に側室を置く必要はなくなった。側室制度は事実上、廃止になったのである。それ故に大正天皇の周辺の女官の出入りを皇后が厳しくチェックしたと書く文献もある。国民に範を示す夫婦のありようとしてはそれが正しい。だが、「陛下のためにいかゞなものであつたろうか」と皇后は悩んだ。関屋を信頼しているからこそ、ここまで打ち明けたのだろう。やはり大正天皇の女性関係をめぐって病に臥すような理由があったのかとも想像できる。

いずれにしても、皇室に入ったプリンセスがその環境に適応するのに苦慮して、体調を崩すケースはこれまでにもあった。香淳皇后は戦争と敗戦の試練を潜《くぐ》り抜けたが、一貫してふくよかで泰然としていた。あまり健康を害したという記録はない。しかし、美智子上皇后の場合はどうだったろうか。

不安定な心を抱えるプリンセス

結婚して8年後の昭和42（1967）年11月13日に、美智子妃は入江相政侍従に良子皇后との亀裂の深さが垣間見えるような質問をしている。

「三時半から五時四十分迄二時間以上、妃殿下に拝謁。近き行幸啓の時の御料理のこと。これが時間としては大部分だつたが、終りに皇后さまは一体どうお考へか、平民出身として以外に自分に何かお気に入らないことがあるか等、おたづね。夫々お答へして辞去」（『入江相政日記』）

美智子妃が入江侍従を問い詰める場面が浮かんでくるような描写である。もちろん、入江にも答えようがなかったであろう。この2年後に入江は侍従長を拝命している。美智子妃はすでに浩宮《ひろのみや》、礼宮《あやのみや》と2人の親王の母となっていた。それでも良子皇后との間には晴れない靄《もや》が立ち込めていたのがわかる。

精神科医の神谷美恵子が美智子妃の話し相手として昭和40（1965）年あたりから御所を訪れていた。神谷に関しては具体的にどのような会話を交わしたかはわかっておらず、もちろん「カウンセリング」といった表現も使われていない。だが、美智子妃の心の支えになった時期があったのではないかと言われている。神谷の東宮御所通いは、神谷が病で倒れるまでおよそ7年に及んだ。

雅子皇后も皇太子妃となって10年目に、適応障害で公務ができなくなったのは周知の事実である。リアルタイムでその過程を見てきた国民も多いはずだ。そして今、雅子皇后の適応障害が完治したという発表はない。しかし、皇后への即位が良い影響を与えていることは、誰もがはっきりと感じ取っている。

あの聡明で気丈と言われた貞明皇后でさえも、若き日にプリンセスの立ち位置を模索して病に倒れた。皇后に即位してからはようやく覚悟が定まったようだ。皇后の地位が保障する自信というものがあるのだろうか。それはプリンセスが決して打ち破ることのできない天井なのかもしれない。

皇后即位後は、笑顔も見せられるようになった雅子さま〈令和2（2020）年2月23日〉（代表撮影）

3　天皇の崩御

貞明皇后の優れた行動力

貞明皇后の美徳の一つに挙げられるのは、その優れた行動力だった。思い立ったことはすぐに実行する。言葉に変えてきちんと示す。

一例として、明治37（1904）年2月に始まった日露戦争を振り返ってみたい。この戦争に危惧を抱かなかった日本人はほとんどいなかっただろう。満州や朝鮮半島の利権を得ようと南下するロシアを阻止するのが理由であったとしても、はたしてあの大国に勝てるか。

結果的には1年半余りで日本は戦争に勝利を収める。これは帝国としての日本が自信を深める大きな要因となった。しかし、開戦当初の不安は誰もが共有していたのである。

対露開戦の決定からわずか1週間ほどの2月16日、節子妃は早くも東宮武官を長崎の佐世保海軍病院へ派遣し、慰問の言葉を伝えた。

「皇国の軍に従ひて勇しき戦を為し、傷を被ふれりと聞く。余寒未だ厳しき折から傷の難《かた》みも別《わ》きて想ひやらる。一日も速く健康の旧に復せむ事をいのる」(『孤高の国母 貞明皇后』川瀬弘至)

寒さの中で傷の痛みに耐える兵士たちの心に響くような力強いリズムの文章だ。どこか大正天皇の好きだった漢文調とも言える。

同書によると5月30日から傷病兵のため包帯を一つずつ小さく巻く奉仕作業も始めた。他の宮妃たちも日本赤十字社篤志看護婦人会に集まっていたと、梨本宮伊都子妃は『三代の天皇と私』の中で回想している。また、同書によると、「戦争がますます激しくなるや、皇后さんも日本赤十字社篤志看護婦人会に見えられ、私たち宮妃と一緒に包帯巻きの奉仕をなされるのでした。その合間には、東京慈恵医院・東京陸軍予備病院渋谷分院に傷病兵の慰問をなさるという御活躍ぶりなのです」ともあり、プリンセスたちの団結が強かった様子が窺える。

新型コロナウイルスの感染が拡大している令和の日本も、戦争とはまったく違った理由ではあるものの、国家の危機に瀕していると言えよう。そんな中、令和2(2020)年5月15日に、秋篠宮家から済生会中央病院へ手作りの医療用ガウン100着が送られた。悠仁《ひさひと》親王をはじめ一家全員で、側近の職員たちと制作にあたったそうだ。ガウンには医療従事者への激励の言葉が綴られた手書きのメッセージも同封されていた。昭憲皇太后に端を発する皇室の慈善活動が、今に至るまで継承されていることを感じさせる直接的な行動だ。

情報収集に積極的な両陛下

日本赤十字社社長らから、医療現場の対応などについて説明を受ける天皇、皇后両陛下〈令和2（2020）年5月20日〉（宮内庁提供）

また、徳仁《なるひと》天皇と雅子皇后は新型コロナウイルスに関する進講を何度も受けている。令和2年5月20日には日赤社長、副社長が赤坂御所に招かれ、2回目の進講があった。自らも日赤の名誉総裁を務める皇后は「皆さんの懸命な医療活動は、多くの患者さんの命を救ってこられたものと思います」とお礼の気持ちを伝えた。

それを報じる新聞記事には、天皇、皇后が並んでマスクをして座っている写真が掲載された。2人揃って横に並ぶ姿は、いかにも令和の新時代を象徴していた。常に対等な夫婦関係が酌《く》み取れるからである。また情報収集に意欲を示すことも、これまでの皇族の立ち位置とは異なる。同年7月末までには、医療、経済、福祉など各分野の関係者と面会している。7月27日には経団連審議員会議長、経済同友会代表幹事などを招き、企業活動への影響についての説明を受けた。正確な情報を多方面にわたって知っておきたい。そのための進講を優先させるのもまた、まさに現代ならではの成果主義を表す姿勢だ。

明治40（1907）年に日露戦争の勲功によって山県有朋、伊藤博文、大山巌《いわお》が爵位を授与された。

この当時の一般の人々の気持ちを、淡々と綴った手記がある。手塚富雄『一青年の思想の歩み』（昭和26〈1951〉年刊）がそれだ。著者の手塚は明治36（1903）年生まれ。それは社会史的な言葉で言えば「わが国の資本主義的・帝国主義的・上昇期のざわめきのなかに生長したわけである」という。学者としての手塚はドイツ文学の訳業や評論などで名を成していた。東京大学教授を退官後、昭和42（1967）年には日本学士院会員となり56（1981）年には文化功労者に選ばれた。2年後の58（1983）年に79年の生涯を閉じている。

幼い心にも、日本が日清、日露の二大戦役に勝利したことは、「非常な安心と誇りをもって、しっかと座をしめていた」から、大山巌、乃木希典《まれすけ》、黒木為楨《ためもと》、東郷平八郎などが、彼の少年時代の「疑うべからざる偉大さをもった現存の英雄」だった。もちろん、その延長線上に鎮座していたのが明治天皇である。「維新以来の新日本の大事業をなしとげられた曠古《こうこ》の英帝で、神武天皇にならぶお方」という教師の言葉は手塚のみならず、同世代の子供たちすべての心に沁《し》みていた。

その明治天皇が突然のように他界したのは明治45（1912）年7月30日だった。すでに

2週間ほど前から不調の兆しは見え、脈拍不整となっていた。この年はひときわ気温が高く、19日には34度9分を記録している。天皇は夕食後によろめき倒れ昏睡状態に陥った。翌日の午後に官報号外が出て、天皇が重体であると国民に知らされる。積年の疲労、糖尿病、慢性腎臓炎などが天皇の身体を蝕《むしば》んでいた。この日から4人の皇女と節子妃が交代で看病にあたった。皇太子は水疱瘡《みずぼうそう》にかかっていて参内できなかったという（『明治天皇』ドナルド・キーン）。

節子妃はどのような気持ちで、先帝の死を受け止めたのだろうか。『貞明皇后』（主婦の友社編）では迪宮（後の昭和天皇）を伴って26日に参内し、日夜看護をしたいと申し出ている。おそらくは水疱瘡が癒えた皇太子がやっと参内したのが24日だったため、遠慮してそう述べたのではないだろうか。

明治から大正への〝心細さ〟

明治天皇は59歳でこの世を去り、後を継いだ嘉仁天皇は32歳、皇后は28歳だった。前掲書では皇后は後年になって、こんな感慨をもらしたと紹介している。

「なんといっても、明治天皇さんがお崩《かく》れになったときほど、悲しく、心細く感じたことはなかった。涙という涙が、すっかり流れ出してしまったような気がした。あのお偉かった明治天皇さんのお後を受けて、若いわたくしたちが、どうして継いで行けることだろうかと、

威厳に満ちた様子で描かれた大元帥の正装姿の明治天皇の肖像画

心配で心配でならなかった」
明治天皇の存在はあまりに大きい。その死後に皇太后の許しを得て天皇の身長を測ったのは藤波言忠《ことただ》子爵だった。それによると１６７センチだったという。しかし、人々の目には天皇は巨漢だと映っていた。梨本宮伊都子妃は前出の自著の中で明治天皇は「身長百八十センチ・体重九十キロと大きく」と書いている。生前の天皇は自身の身長、体重を測らせなかった。したがって、当時の人々にはこれほど大きく見えたと捉えるべきだろう。

明治天皇を失って日本中が慟哭《どうこく》したと言っても過言ではない。そして、新しい御世をどのように迎えたのか。

「蒲柳の質の新帝にたいし、最高の統治者として心もとない感じをもつということは、たれの心にもひそんでいることだった」とまだ宇都宮で小学生時代を送っていた手塚富雄は述べている。さらに衝撃的なエピソードが続く。

「新らしくとどいた雑誌の口絵に新大元帥の肖像がのっていた。私が家の門口で、ちょうどそこをあけてながめていると、近所の同年の友だちがやってきて、『これはダメなんだ、今度のはとってもダメなんだぞ』と言って、拳でトントンその写真をたたいた。突飛や不敬というより、少年らしい率直な関心のあらわれで、先帝への信頼とあらたな秩序への不安な気持とがまじっていたのだろう」

地方都市の普通の子供でさえも、新大元帥、すなわち新しい天皇は「ダメなんだ」と思っていた。日本国内だけではなく、ロンドン・タイムズ紙なども社説の中で「明治天皇によって興った日本は、いまこの天皇崩御を境目として下り坂に向うであろう」と書いたという。それはどこか日本人の心細さを先取りしたような社説だったのかもしれない。

この時代、皇位は一瞬も空位にしておけないという決まりがあった。そのため、真夜中でも践祚《せんそ》の式は挙行された。

坊城俊良《ぼうじょうとしなが》著『宮中五十年』によると陸軍中将の軍服を着ていた大正天皇は、大元帥の軍服に着替えて奥の間に入り、明治天皇の「御尊骸」に拝礼した。その後、昭憲皇太后が自らの上座を譲ろうとした。だが、大正天皇は母宮が上座に座るようにと主張した。これに対し「今は一天万乗の御位におつきになられたのでありますから、上座にお着きにならなければいけません」と皇太后が優しく威儀を正して訓《さと》した。あくまで親子の礼を尽くそうとした大正天皇も、静かに一礼し、上座に坐《すわ》り践祚の挨拶を述べた。

「悲しみと混同あそばしませんように」

この情景は大きな意味を持っていたと言えるだろう。母宮と自分の席順が変わることほど如実に、天皇とそして皇后の責任の重さを示す事実はなかったからだ。

実はこれとまったく同じシーンが、大正天皇が亡くなった直後にもあった。大正15（1926）年12月に入って病状の優れなかった天皇は、25日の午前1時25分、心音が止み呼《や》吸が止まった。節子皇后の悲しみは深かったが、2時間後には摂政宮（裕仁皇太子）が践祚し、第124代の天皇となった。

この儀式が終わると新天皇は父宮の遺体を拝んだ。そして母宮に挨拶をしようとすると、節子皇太后は立ち上がり挨拶の位置を変えて天皇の下座につこうとした。裕仁天皇は手を差し伸べてそれを押しとどめた。そんな動作が何回も2人の間で繰り返された。それは見ていた女官や侍従たちの涙を誘った。

「お上」と皇太后はついさきほどまで大正天皇に呼びかけていた称号で、息子の裕仁天皇に話しかけた。

「お心を鎮めてお聞き下さいますように。私は皇太后です。今からはお上が上位におつきにならなければなりません。その次が皇后であらっしゃいます。どうかご身分の正しい順序を私の悲しみと混同あそばしませんように」

節子皇太后は自ら裕仁天皇の手を取って上座につかせ、次に良子皇后を行かせると、自分は端然として下座に座り、挨拶を受けた。

大正天皇、昭和天皇と2代続いての践祚の儀の後に見られた母子のやり取りは興味深い。昭和天皇が死去した時は良子皇后はすでに老人特有の意識障害があったようだ。現在の上皇に関しては、上席を譲り合うといったエピソードは聞かない。そして、平成28（2016）年8月8日に明仁天皇は初めてビデオメッセージで、生前退位の意向を国民に直接伝えた。その後に皇室典範特例法が定められ令和元（2019）年5月に新天皇が即位した。

「天皇の終焉に当たっては、重い殯《もがり》の行事が連日ほぼ2ヶ月にわたって続き、その後喪儀《そうぎ》に関連する行事が、1年間続きます。その様々な行事と、新時代に関わる諸行事が同時に進行することから、行事に関わる人々、とりわけ残される家族は、非常に厳しい状況下に置かれざるを得ません」

こうした家族の「厳しい状況下」を避けたいという思いが去来することもあると述べている。

皇室も時間の流れを論理的に制御して、前もって将来設計を立てる時代になりつつあるのかもしれない。

4　スキャンダル

身内との別れ

貞明皇后が皇太子妃として在位した期間は、およそ12年余りである。15歳の少女は28歳となり3児の母となった。新しい家庭が築かれ、やや気儘《きまま》な青年だった嘉仁皇太子は、子煩悩で優しい父親へと変わっていた。そして、プリンセスの時代とは、多くの身内との別れを経験した年月でもあった。

まずは明治34（1901）年11月11日に、姉の山階宮《やましなのみや》妃範子《のりこ》を亡くした。範子は明治28（1895）年に結婚して2人の男子に恵まれた後、明治34年に安子《やすこ》女王を出産した。ところが産後の肥立ちが悪かったため22歳の若さでその生を閉じた。ちょうどこの年の4月29日には裕仁親王（後の昭和天皇）が生まれたばかりだった。

そして三男にあたる宣仁親王（後の高松宮）が誕生した翌年の明治39（1906）年1月4

日、父の九條道孝が66歳で世を去った。死因は脳出血、心臓病である（『近代諸家の死因』服部敏良）。

さらに明治44（1911）年1月27日には京都の西本願寺法主、大谷光瑞《こうずい》に嫁いだ姉の籌《かず》子《こ》が急逝した。まだ28歳の若さである。貞明皇后の嘆きは深かった。姉の訃報に接して「喪中作」と題する漢詩を詠んでいる。

「案上成堆哀悼章　金爐薫炷幾條香　徹宵不睡思亡姉　兀坐影前空斷腸」

この詩の意訳にはこうある。

「つくゑの上には哀悼の章が堆《うづたか》く積まれ、金色の香炉からは幾筋もの香煙が立ち昇つてゐます。一晩中睡ることなく今は亡き姉を思ひ、遺影の前にぼんやりと坐つてゐると、たゞ空しく断腸の思ひがするのみです。」（『貞明皇后その御歌と御詩の世界』）

もともと漢詩は和歌に比べると表現が大仰だと言われている。それを差し引いても、行間に溢れる悲しみが胸に沁みる。

籌子の生涯については、大正3（1914）年4月に刊行された『淑女鑑』（田島教惠）に詳しい。また彼女の夫だった大谷光瑞の伝記は杉森久英、津本陽など何人かの作家が手掛けており、籌子に関する記述も含まれている。通読してみると皇后の実家である九條家が、華族

貞明皇后の義兄となった浄土真宗本願寺派本願寺（西）22世法主・大谷光瑞

としての危ういバランスの上で成立していた様子がわかり興味深い。それらの本を参考にしながら、籌子についてふれておきたい。

九條家の節子姫が皇太子妃候補となった時、2歳年長の籌子もまた候補者の一人だった。しかし、いったんは伏見宮《ふしみのみや》家の禎子《さちこ》女王に内定が下ったため、九條家では早々と籌子の縁談をまとめてしまった。その相手が西本願寺の法主となる大谷光瑞である。明治25（1892）年1月、まだ10歳にもならない籌子は京都の本願寺に入山した。子供の時から裏方（本願寺法主の夫人の呼称）になるべく修行をするためだった。

盤石の財政を誇る本願寺の威光

現在では、あまり知る人も少なくなったが、明治期の本願寺の威光たるや絶大なものがあった。かつては西本願寺と東本願寺に分かれての権力闘争もあったが、明治以降はもっぱら融和の姿勢に転じている。

明治天皇が即位式を挙げる時、その費用の三千両の出所がなかった。なんとか用立ててもらえないかと西本願寺は内々に申し込まれる。しかし、とても急には難しいと一度は断った。しばらく後に、西国のある大藩から千両は都合してもらったので、残りの二千両を出してくれないかと再び頼まれた。それでは東西の不和の原因とならないようにと考えた大谷光瑞の父、明如《みょうにょ》が、東本願寺にも相談して、それぞれ千両ずつ負担したという。

当時の西本願寺の財政状態は盤石であり、「国君の富」に匹敵すると言われた。あるいは明治の初期はそれ以上だったのかもしれない。質素倹約で知られる明治天皇が、側近に対してユーモラスな言葉を漏らしている。

「わしの地方巡幸には大分金もかかるようだから、これからは東本願寺を侍従長に、西本願寺を内大臣にしようと思う。二人の法主を連れて歩けば、さぞお賽銭が上がることだろうなあ」（『三代の天皇と私』梨本伊都子）

西本願寺の1年間の予算は京都市のそれを超えていた。いかに懐中が潤沢かを知っている上での明治天皇の冗談だった。

籌子が光瑞と華燭《かしょく》の典を挙げたのは明治32（1899）年の春。妹の節子姫が皇太子妃に内定する少し前である。父の大谷明如が遷化《せんげ》し、光瑞が法灯を継いだのが明治35（1902）

大正三美人のひとりと言われた九條武子。貞明皇后の義妹にあたる

年だ。しかし、光瑞は京都にじっとしてはいなかった。「存在は活動の為である」と公言し布教のみならず探検や仏教遺跡発掘などのため、ロシア、中国、チベット、インド、ヨーロッパなどを飛び歩き、豪快に金を使った。籌子も夫に負けないほど行動的で、仏教婦人会連合本部を設立し、各地で法話を続けて会員を20万人まで増やした。女子教育にも熱心だった。

日露戦争の際、光瑞は開戦が決まると、ぽんと500万円の国債募集に応じ、従軍布教僧700人の派遣を決定した。

息の合った夫婦が光瑞の妹である武子を籌子の弟の九條良致《よしむね》に嫁がせたのは明治42（1909）年のことだ。西本願寺、大谷伯爵家の武子姫は幼い頃から才貌ともに麗しいと評判だった。娘時代には降るように縁談が持ち込まれた。だが、いずれも頓挫して、いつしか武子も22歳となっていた。いささか婚期が遅れた観がある義妹の結婚に籌子が妙案を出した。弟の良致との縁談を取り持ったのである。皇太子妃の弟となれば、とかく口出しをする西本願寺の重鎮たちも異存はなかった。

前にも書いたが、良致は貞明皇后とは2カ月違いで生まれた異母弟である。明治17（1884）年生まれであるから、武子の3歳年上だ。

本来ならおめでたい良致と武子の縁談だったが、この結婚は初めから何かが食い違っていた。後に大正の三大美人と謳われた武子を良致は気に入らなかったのである。ちなみに三大美人である他の2人は柳原白蓮《やなぎわらびゃくれん》と江木欣々《えぎきんきん》だった。では、何が気に入らなかったかについて、良致は生涯何も語らなかった。ただし、その行動で雄弁に示したのである。

挙式後の良致は天文学の勉強のため英国に3年間の留学が決まっていた。明治42（1909）年の12月に武子を同伴して渡欧した。結婚の時の武子の持参金は1万円だったと言われる。

だが旅行中も、夫婦の間には冷たい空気が流れていた。どんなに景色がきれいでも、料理が美味《おい》しくても、良致はただ不機嫌に沈黙していた。

皇后を悩ませ続ける不肖の弟

実は良致は普通の子供としてのんびり九条家で育ったわけではなかった。まだ学習院の学生だった頃に、一条家へ養子として出ている。しかも、それは一条家に男子の後継ぎがいなかったため、長女の婿候補として貰われていったのである。一条家出身の美子《はるこ》皇后（昭憲皇太后）が生家の血統が絶えることを憂えて、九條家から良致を迎え、長女の經子《つねこ》を配するように内旨を下した。ここで良致は一條道良を名乗っている（『華族家系大成・上』）。

すべては美子皇后の思《おぼ》し召しだった。しかし、一條家の經子姫はどうしても良致を気に入らないので、明治40（1907）年に実家に帰され、養子縁組も解消された。九條家に戻った良致は分家して男爵となった。籌子は良致の姉として、才媛の誉れが高く名門出身の武子を娶《めと》って、一條家を見返してやりたかったのかもしれない。

しかし、この結婚には無理があった。籌子と武子は実の姉妹のようによく似ている。上背があり細面で道行く人が振り返るほどの美貌だ。唯一の違いは籌子が夫の光瑞に「なすび」とあだ名をつけられるほど色が黒かったところだ。これは九條家の血筋だったろう。しかし、彼女は早くから大谷家に馴染んだ。

一方、良致は色黒の上に小柄で、まことに風采が上がらなかった。山階宮家、西本願寺、そして皇太子に、それぞれ嫁いだ優秀な姉たちを持って、さらに一條家からの出戻りの身なので、強い劣等感に苛まれていたのではないだろうか。六尺豊かで、豪放磊落《らいらく》、社交的で物怖じしない義兄の光瑞とは、容姿も性格もまさに対極にあった。彼にとって、大谷家は畢竟《ひっきょう》異界だった。

1カ月もたつと良致は折からヨーロッパを外遊中の光瑞、籌子夫妻に武子を託して、自分は単身ロンドンに残った。

いたって健康そうに見えた籌子が病に臥したのは明治44年の正月明けだった。どんどん病状は悪化していく。節子妃も心配して東京から名医を2人派遣したが、もはや手遅れだった。籌子は3週間後に28年余の短い生涯を閉じた。

実はこの時に籌子は流産をしたと書くのは末永文子著『九条武子の生涯』(平成7年刊行)である。産褥熱《さんじょく》から高熱を発した。抗生物質のなかった時代、産褥熱は死病に等しかったという。

もしも籌子がもう少し長寿であったなら、大谷家の命運も違っていたかもしれない。光瑞のあまりの乱費は、大正になって間もなく本願寺疑獄事件を引き起こした。大正3年5月に光瑞は法主の座を去っている。追われたと言ってもよいだろう。

武子もまた、大正時代は幸せな幕開けではなかった。約束の3年が過ぎても良致は帰国する気配もなく手紙も来ない。

鬱々と過ごす武子が、歌集『金鈴』で華々しくデビューしたのは大正9(1920)年だった。この歌集は、なかなか衝撃的な内容である。

「夜《よる》くればものの理《ことわり》みな忘れひたふる君を恋ふとつげまし」
「家をすて吾をもすてん御心か吾のみ捨てむおんたくみかや」

どう読んでも良致に宛てた恨みとしか思えない歌である。『金鈴』は大ベストセラーとなり、歌人九条武子の名は一夜にして日本中に知れ渡った。読者は、武子が切なく待っているのは節子皇后の弟であると承知している。そして神々しいほど美しい西本願寺の姫君への興味は募った。

危ういバランスを保つ皇族

これでは、節子皇后の気分が良いわけはなかったろう。九條家の恥と感じても不思議はない。

やがて、日本の新聞社のロンドン特派員が、良致はイギリス女性と暮らし2人の子供までいるという記事を載せた。こうなると、西本願寺も宮内省も何らかの手を打たねばならなくなった。具体的に誰がどのように動いたかの記録はないが、とにかく皇后の弟のスキャンダルである。宮内省も大谷家も、これ以上皇后の面子《メンツ》を傷つけるわけにはいかず、職員をロンドンまで派遣した。横浜正金銀行の本店勤務という名目で良致が帰国したのは大正9（1920）年12月6日だった。武子は神戸港まで迎えに出て11年ぶりの再会を果たした。

東京の本願寺で所帯を持った良致と武子は順調に新生活を始めたように見えた。しかし、良致はまだ何らかの葛藤を抱えていたものと思われる。翌10（1921）年には信託会社社長に就任し不渡り手形を出して、11（1922）年には訴訟を起こされた（『明治・大正・昭和 華族事件録』千田稔）。

節子皇后にしてみれば、まったくどこまでも不出来な弟だと思ったに違いない。少し時間はずれるが大正13（1924）年4月9日の「牧野伸顕日記」には九條家の縁談にまつわるトラブルについての記述がある。具体的に何を指すのかは不明ながら、牧野がなんとか処理してくれたことに皇后は感謝している。

「御縁故深き貴爵の家々に不始末の続発するは実に歎息の次第なり。今日華族社会の墜〔堕〕落の一端とも視るものなり」と牧野は皇后の心情を吐露するように記していた。

大正とは華族も皇族も危ういバランスを保って生きていた時代だったのがわかる。だが、報道も表現も現代とは少し違うようだ。九條良致と武子の場合、マスコミはあくまで裏付けを取り、事実のみを批判した。また、皇室側も特別な意図をもっての情報流出やマスコミ操作には加わらなかった。

令和を迎えた今の日本はどうだろうか。情報源も特定出来ないニュースが多い気がする。それは時として印象操作のための報道とも感じられる。だから皇族全体が必ずしも一枚岩とは言えないことを示しているようだ。そうなると、女性皇族の生き方はさらに厳しく国民から注視されているのではあるまいか。

第4章

賢母

1 裕仁親王誕生

親の背中を見て、子どもは育つとよく言われる。それは子どもが親にそっくりに育つという意味ではない。ましてや、親が理想とする人物になるということでもない。そうではなくて、子どもは親の何気ない言動の積み重ねを日常的に見ながら育つから、成長過程において決定的な影響を受けることが多い。そして、とかく病気がちだった大正天皇の場合、もっぱら子どもたちは母親の背中に人間としてのロールモデルを見いだしていたのではないだろうか。

「皇孫降誕」を奉祝す

明治34（1901）年4月29日に誕生した裕仁《ひろひと》親王は、やがて天皇になる運命を担っていた。母親である節子《さだこ》妃が重い責任を感じるのは当然だった。

同年5月1日付の東京日日新聞には「皇孫降誕を奉祝す」という見出しの記事が載ってい

る。その一部を抜粋してみたい。

「皇太子殿下御齢二十二に達せられて此頃は御健康も一入勝れ給ふと承はるさへ最と喜ばしき折柄なるに今は　妃殿下熊羆の瑞夢に應じて親王を擧げさせ給ふ此親王殿下こそ　天皇陛下第一の皇孫に暦らせられ行く〳〵は正しく一天萬乘の位に立せ給ふべき御方なれ而かも皇太子皇太子妃の兩殿下はいづれも御齢に富せ給ふをもて今より後尚數々の御子達をまうけさせ給ふ（以下略）」

この記事の意味は明らかだ。もともと病弱だった皇太子は22歳（満21歳）になってずいぶん健康になったのは喜ばしい。妃殿下は子宝に恵まれ男の子を産んでくれた。この赤ちゃんこそ明治天皇の初めての皇孫であり、一天万乗の位を継いで、ゆくゆくは天皇になるお方だ。しかも、皇太子夫妻はまだお年が若いから、これからもっと何人もの子どもをもうけてくれるに違いない、という内容である。

現代だったら、ここまで断定的な書き方をするのは難しいかもしれない。健康状態は個人情報であり、触れるのは微妙だ。また、皇位継承者一位の初めての子どもが男児だからといって、必ずしも天皇になるとは限らない。さらに、皇太子夫妻はまだ若いから次々と子どもを産んでほしいというのでは、まるで女性が子どもを産む機械とでも思っているようだ。それでは皇太子妃の人権はどうなるのかと、世間の激しい批判を浴びるに違いない。

しかし、明治34年とは、まだお世継ぎを求めることが妃殿下の人権侵害にはならない時代

養育先の川村純義伯爵邸で、お守車から旭日旗をふる裕仁親王〈明治35（1902）年〉（宮内省提供）

だったのである。16歳で皇孫を産んだ節子妃の達成感も大きかったろう。

迪宮《みちのみや》裕仁親王は、生まれた時の身長が1尺6寸8分（約51センチ）、体重は800匁《もんめ》（約3000グラム）だった。当時としては普通か、やや大きい赤ちゃんである。きわめて安産であり、節子妃は午後7時ごろ御産所に入り、午後10時10分には元気の良い産声が響いた。

自分の手で育てることの不安

それから現在まで、昭和天皇の生涯については実に多くの書物が刊行されている。史実を綿密に検証したものとしては、小田部雄次著『昭和天皇実録評解』『昭和天皇実録評解2』の2冊がきわめて重要で信頼の置ける資料と言えよう。これは平成26（2014）年に宮内庁が公開した『昭和天皇実録』を著者が丹念に精査し、懇切に評解したものである。同書に依拠しつつ、昭和天皇の幼少期について述べてみたい。

生まれる前から、裕仁親王の養育担当者は海軍中将で枢密顧問官の川村純義《すみよし》伯爵に決まっていた。皇孫の養育にあたり、川村は次のような所信を表明している。

「心身共に健全なる発育」「物を恐れず人を尊むの性情を御幼時より啓発」「難事に耐ゆる習慣を養成」「御幼時より英仏其他《そのた》重要なる外国語の御修得御練習」などだった。川村家での養育は明治37（1904）年8月12日に純義が67歳で亡くなった後も、同年の11月9日まで続けられた。

後年になって、語り草となったのは、生後2カ月余りで、川村のような謹厳実直で、しかも温厚な人物が養育にあたったからこそ、昭和天皇は一点の私心もない玉のような性格になったという評価だった。だが、その一方で他家に預ける風習を苦々しく見ていた人がいたのも事実である。

明治34（1901）年9月16日に裕仁親王を拝診したエルヴィン・フォン・ベルツは、日記に自分の思いを記した。

「五時、川村伯のところへ。この70歳にもなろうという老提督が、東宮の皇子をお預りしている。なんと奇妙な話だろう！　このような幼い皇子を両親から引離して、他人の手に託するという、不自然で残酷な風習は、もう廃止されるものと期待していた。だめ！　お気の毒な東宮妃は、定めし泣きの涙で赤ちゃんを手離されたことだろう」（『昭和天皇実録評解』）

実際には、ベルツが思うほど奇妙な話ではなく、日本の皇族、華族やヨーロッパの王室にもあった風習だった。母として節子妃が悲しみを感じなかったとは思えないが、それ以上に自分の手だけで育てることには不安があったのではないだろうか。嘉仁《よしひと》皇太子は病弱であり、「難事に耐ゆる習慣」などを養育できるかどうかわからない。自身も4歳までは実家を離れ高円寺の農家に預けられた経験を、節子妃は忌まわしいものとはとらえていなかった。

明治35（1902）年6月25日には次男の淳宮《あつのみや》（後の秩父宮）雍仁《やすひと》親王が生まれた。やはり川村邸に預けられることとなった。2人一緒に青山離宮内御座所の皇孫仮御殿に移ったのは、裕仁親王が4歳になろうという時期だった。

この頃には、すでに未来の天皇の資質の片鱗《へんりん》が見えていたようだ。作家の長與《ながよ》善郎が書いた「自分のうけた印象」（『天皇の印象』安倍能成ほか昭和24年刊）にはビビッドな観察が示されている。

日露戦争の最中、長與は母と姉と共に迪宮、淳宮兄弟に会える機会があった。場所は神奈川県の箱根宮ノ下、富士屋ホテルの別館。長與は中学生だったという。

「濃く太く秀でた御眉宇の間に、何となく一抹の暗鬱《グルーミー》な翳が漂ひ、それが實に日本皇室特有の御風丰《ふうぼう》となつてゐる」

「御幼少ながら、子供らしい呑氣さとか、軽佻な位の朗かさとか、がむしやらさといつたものとは、對蹠的に縁の遠い、どこかお内氣なといふ程の荘重な威が既に具はつていらつしやる」

長與は、一見しただけで未来の天皇の人柄に対して、信頼や愛着の気持ちが湧くのだが、同時に「このお方の御運命はどうも明るく、御幸運なものらしくない」とも感じている。これは昭和20（1945）年の敗戦から程ない時期に書いた文章だからかもしれない。

しかし、川村が全身全霊を込めた養育が、功を成したのは間違いなかったようだ。裕仁親王の御養育掛だった足立タカ（後の鈴木貫太郎夫人）によると、「川村さんは皇孫さんを度を越して立派な御方にお育てしたいというので非常に苦心をされた」（『天皇百話・上の巻』鶴見俊輔・中川六平編）とのことである。

「国家元首としては心もとない」少年裕仁

皇孫仮御殿に移ってからも、自由奔放な弟宮に比べると、裕仁親王は抑制の利いた思いやりのある子どもだったらしい。

「幼少時代の裕仁が、以後も女系の曾祖母である中山慶子、祖母である柳原愛子と親しく頻繁に接していたことが、『実録』の随所に描かれている」（『昭和天皇実録評解』）とあって、親族からの愛情もたっぷりと注がれていた様子がわかる。

立場上、そうしばしば会えなかったが明治天皇が皇孫を可愛がることは有名で、玩具などもわざわざ外国に注文していた。厳しい明治大帝の前に出ると、たいがいの人が緊張して小さくなってしまうのだが、裕仁親王だけは平気で、「おじさまこれを拝見」などと置物を手にして言ったという（『天皇百話・上の巻』）。

淳宮、光宮《てるのみや》親王（後の高松宮宣仁《のぶひと》）と弟も増えて、節子妃のピアノに合わせて子どもたちが歌を歌い、嘉仁皇太子も加わる情景は、まさに幸せを絵に描いたような家庭だった。

明治45（1912）年、裕仁親王は明治天皇の崩御により11歳で皇太子となる。そして、陸軍歩兵少尉、海軍少尉に任官した。これは当時の皇族身位令で満10歳に達したら陸軍及び海軍の武官になることが義務づけられていたためだった。

陸軍歩兵少尉、海軍少尉に任官した裕仁皇太子〈大正元（1912）年9月〉（宮内省提供）

動物や植物に興味を示し、理科や歴史は好んだが、小説類には関心を示さなかったと『昭和天皇実録評解』にはある。どちらかというと理系で、情緒にあまり偏りのない青年に育ってゆく様子が読み取れる。
皇太子となってからは弟たちと離れて東宮仮御所に住むようになったが、卓上電話が設置され、毎夕10分ほど弟たちと会話をした。これは現代ならパソコンでメールができるようになったのと同じほど画期的なことだったろう。その2カ月半後には御殿内で扇風機を使用し、無線電信玩具で遊んでいたというのだから、なんとも最先端の生活ぶりである。

しかし、大正時代に入ると裕仁親王の身辺も忙しくなったようだ。『昭和天皇実録評解』の著者は次のように書く。

「『実録』には、少年裕仁の人格的な未完成部分もいくつか記録されている。少なくとも皇太子時代の裕仁は、軍部や政界の重鎮たちからは将来の大元帥、国家元首としていささか心もとなく思われていた面があり、そのため、学習院初等学科卒業後も東宮御学問所を設置して学びを継続させ、さらには欧州旅行での『帝王教育』も計画されたのである。その間も、裕仁は言葉が少なく（吃音《きつおん》ぎみであり、近眼で、姿勢が悪いことは『実録』にも記されており、そうしたことからくる心的要因もあったのかもしれない）、できるだけ多くの軍人・官僚・政治家らと接することが求められた」

皇太子の教育方針を巡って対立

あまりに多くの大人たちの期待や思惑に囲まれて育つ皇太子が気の毒にも見えてくる。しかし、それが未来の天皇の宿命でもあった。

その中で節子皇后は傍観していたかと言えば、決してそうではなかった。川瀬弘至著『孤高の国母　貞明皇后』の中に、節子皇后と山県有朋《やまがたありとも》（元老・陸軍元帥）との間に教育理念の衝突があったことが記されている。

大正7年のある日、山県が東宮武官長の奈良武次に言った。

「東宮（裕仁皇太子）もやがて大元帥となられる。ついては先帝（明治天皇）の如く、御自ら部隊を指揮された如くに御教育申し上げねばならない。東宮御所での御生活はどうなっておるのか。たまには射撃訓練や鴨猟などもおさせすべきだ」

山県の意向を奈良は東宮大夫の浜尾新《あらた》に相談した。すると数日後に浜尾から返事があった。

「山県閣下のお考えも分るが、射撃訓練や鴨猟には皇后陛下が反対しておられる。皇后陛下は、『帝王のお徳は仁愛でなければならない、徳は禽獣《きんじゅう》にも及ぶ』として、東宮に射撃や鴨猟を勧めないでほしいという思し召しだ……」

これ以外にも山県と皇后が皇太子の教育方針を巡って対立することは多々あったという。

山県は日清、日露、第一次世界大戦で勝利を収め、世界の列強の仲間入りを果たした日本の軍人であり政治家だ。国家のリーダーとしての攻撃性を皇太子に求めるのは、時代の流れと言えよう。一方母親として、節子皇后は徳を重んじ、殺戮《さつりく》は禽獣といえども嫌った。後の昭和天皇の人柄に関しての評価は、平和主義、民主主義的であり、穏健な考えの持ち主であったというものが多い。

それはやはり、母親の万物に対する優しい思いやりが影響を与えたからだろう。しかし、そんな節子皇后が初めて挫折を味わったのが、皇太子の結婚問題だった。常にポジティヴであり、病身の大正天皇にも力の限り尽くした皇后は、いつしか宮中で大きな権力を手にしていた。それでも、大切な長男であり天皇となる息子の結婚は思いのままにならなかったのである。

2　皇太子結婚

多事多難な皇族の縁談

皇族の縁談とは、とかく多事多難なものである。最近でも、秋篠宮家の長女、眞子《まこ》さまの結婚をめぐる記事が、毎週のように週刊誌を賑わせている。眞子さまが婚約内定を発表してから4年。婚約者となる小室圭さんとその家族についての憶測は絶え間なく流れ続けているのだ。「年内結婚へ」が報じられたとあっては、これからますます報道はさかんになることだろう。

しかし、小室さん本人のキャリアや経済状態に関しては、そこまで詳しい報道はない。むしろ、小室さんの母親が、もっぱら人々の耳目を集めていた。

前にも書いたが、節子皇后が皇太子妃に決定する前後もさかんにネガティヴな情報が関係者の間で噂された。本人のみならず、その姉妹や母親の容姿、言動を強く批判したのは、華族女学校学監の下田歌子だった。さらに、内親王の御養育掛だった佐佐木高行が歌子から聞いた悪口雑言を日記に書き残したため、事態はさらに複雑になった。なぜなら、現代に至るまで、佐佐木の日記に全面的に依拠して貞明皇后像を描く本もあるからだ。

その意味で、現在も参考にできるのは裕仁親王（後の昭和天皇）の結婚問題ではないだろうか。もちろん、時代は戦前であり、天皇が神と位置づけられていた頃と、皇族がその人格や一個人としての主張を公の場ではっきりと表現する平成、令和の御世とは、社会の状況がまったく違っている。

ただ、一点だけ共通しているものがあるとしたら、それは依然として、皇族が世の尊敬を集め、多くの人々の憧憬の対象となっていることだ。

現代社会において、階級制度は廃止され、人間を差別することは否定された。何人も法の下の平等を約束される社会になったものの、皇族だけは生まれながらに無条件に高貴な存在とみなされている。一般女性が男性皇族と結婚すると、途端に妃殿下の敬称で呼ばれる。

だからこそ、眞子さまの婚約者の実家が金銭トラブルをかかえているという事実を受け入れるのが難しいのだろう。皇族に与えられるさまざまな特権を、その結婚相手や家族も享受するという現実を、多くの国民は受容できないのが本音だ。

とはいえ、成人した男女の結婚は、本人同士の意思で決められるという大原則は揺るがない。一方で、イギリス王室の例を見るまでもなく現代皇室（王室）のメンバー、あるいは元メンバーとなれば、その肩書だけで巨額の経済活動が可能となる。そこに当事者や周辺の人間の思惑並びに打算が、強い影を落とすのは当然のなりゆきだ。例えば、イギリスのヘンリー王子とメーガン妃は王室を離脱し、アメリカに渡った後でも講演料は1回1億円と噂されている。たとえ安くなっても2000万円は下らないというのだから、庶民にとっては目の眩《くら》むような金額だ。世界的に見ても、王室、皇室が姿を消しつつあるからこそ、その希少価値は高く、日本の皇室も例外ではない。

さて、昭和天皇が皇太子だった頃に、なぜ結婚問題が長期にわたってこじれたかというと、経済活動以外にも、政治活動が加味したからと考えられる。娘が皇太子妃になるだけで、政界や経済界で多大な利権を得ることができる時代だった。

納采の儀を終え、皇太子（昭和天皇）との結婚の儀を待つ頃の久邇宮良子さま（宮内省提供）

すでに序章でも書いたが、もう一度婚約事件の経緯を述べておきたい。久邇宮《くにのみや》邦彦《くによし》王の長女である良子《ながこ》女王が、皇太子妃に内定したのは大正6（1917）年末であった。その決定までにも紆余《うよ》曲折があったが、ここでは割愛する。まずは、節子皇后が承認し、元老たちも賛同し、身体検査などの審査も無事に通過した。その上で、邦彦王のところへ、宮内大臣が使者に立ったのが大正7（1918）年1月14日だった。もちろん、久邇宮は「つつしんでお受けする」と答えている。時に良子女王は14歳である。翌年の大正8（1919）年に皇太子は18歳となり、5月7日に成年式を迎えた。結婚への準備は整ったと言える。さっそく、良子女王のお妃教育が始められた。

婚約者の父が皇后に直訴

ところが問題が噴出した。良子女王の母方である島津家に色覚障害の近親者がいると判明したのだ。先に述べておくと、結局、この色覚障害は昭和天皇の子供たちには遺伝しなかった。しかし当時はまだ医学の研究も進歩しておらず、もしかしたら、天皇の子供たちに遺伝するかもしれないという不安が残された。さらに、それを口実として婚約を破棄させたいという勢力があった。

強硬に婚約の変更を主張したのは元老の山県有朋だった。ちなみに元老とは、憲法上の規定はないのだが、明治後期から昭和初期にかけて天皇を輔佐《ふさ》し、絶大なる権力を保持していた政治家を指す。長州出身の伊藤博文、山県有朋、井上馨《かおる》、桂太郎、薩摩出身の黒田清隆、松方正義、西郷従道、大山巌《いわお》、そして西園寺公望《さいおんじきんもち》の9人だった。ともすれば、薩摩と長州の権力争いの発火点にもなった。

時の宰相、原敬《はらたかし》の日記には、原が山県と会った際の話が記されている。原が想像したよりも事態は難航していた。山県の意向を知って西園寺が久邇宮邦彦王に「御辭退ありて然るべし」と、すでに忠告していたのだが、先方は聞く耳を持たなかった。

それどころか、節子皇后に拝謁した時に、後から読んでいただきたいと言って、手紙を置いて帰った。その内容は「御内定通御決行を願はるゝもの」であった。

なんと婚約者の父が皇后に直訴したわけである。これに対して皇后がどのように感じたかは想像に難くない。当時、すでに大正天皇は病の床にあったので、実際の決定権は皇后に委ねられていた。

それにしても、直接手紙で皇后に自分の要求を訴えるのはずいぶんと僭越《せんえつ》な行為である。少なくとも、しかるべき人物が仲介に立つのが礼儀というものだ。久邇宮の押しつけがましさに皇后は強い不快感を覚えた。

この時期に皇后を悩ませていたのは、皇太子のお妃問題だけではなかった。次第に健康が衰える天皇の様子を見守る政府の要人たちの間には、そろそろ皇太子を外遊に出してはどうかという案が浮上していた。外国において見聞を広め、経験を積むのは、今しかないという意見である。しかし、皇后は反対だった。外遊となれば何カ月も日本を留守にする。天皇の体調が悪化した場合はどうするのか。はたまた、外国で皇太子の身に何か危険が及んだら、どう対処するのか。心配は尽きなかった。そこへ、皇太子妃の問題が降りかかってきたのである。

皇后の希望はことごとく通らず

節子皇后の苛立《いらだ》ちはじゅうぶんに推測できる。その上、病気の天皇に代わり皇太子が公務を果たすことが必要なのは誰の目にも明らかだった。これは突き詰めれば皇太子を摂政宮に立てるかどうかの判断につながる。天皇と一心同体との意識が強い皇后は、ある種の疎外感を抱いただろう。

対する元老や政府高官たちにも危機感はあった。年月が流れれば、子供は成長し、親は老いる。天皇といえども、これまでのやり方への軌道修正を迫られることもあった。たとえ色覚障害の遺伝の可能性があっても、一度婚約したものを覆しては国民がどう思うか。むしろ国民感情が大切ではないかという声が大きくなりつつあった。ところが、皇后は、外遊に関しても反対であり、久邇宮の娘との結婚にも拒絶反応を示していた。

大正9（1920）年12月8日付の『原敬日記・5』には、原が訪ねた際に山県が漏らした言葉が記されている。

「兎に角近來何もかも皇后陛下に申上ぐる様になり、斯くては或は將來意外の弊を生ぜずとも限らず甚だ憂慮し居れりと。」

節子皇后の発言力があまりに強くなる事態を山県は憂えた。もちろん節子皇后にも言い分があった。押しの強い久邇宮が将来、天皇の岳父となった時に、それこそ「意外の弊」があるのではないか。良子女王の兄たちは学習院に学び、皇太子の友人でもあった。その距離に皇后も不安を募らせた。

その間にも、久邇宮はますます過激になっていった。もし婚約をどうしても解消しろと言うのなら、良子女王を殺して自分も切腹すると言った。これはもう恫喝に近い。そこに、東宮御用掛の杉浦重剛が倫理上からも婚約破棄は許されないという意見を表明した。それに右翼の大物、頭山満《とうやまみつる》が賛同し、各種の印刷物（怪文書）が配布され、山県襲撃の噂まで流れた。

あまりに不穏な事態となれば、皇室の威信に傷がつく。頭山らから、大正10（1921）年の紀元節の日に明治神宮で大規模な国民大会を開くという通知があり、進退きわまった中村雄次郎宮内大臣が「良子女王殿下東宮妃御内定の事に関し世上種種の噂あるやに聞くも右御決定は何等変更なし」と新聞紙上に発表した。その翌日に宮内大臣は辞職した。つまり自分の首と引き換えに決着を図ったわけである。

もちろん、この背後には山県が長州閥であり、良子女王の母が薩摩藩主の娘だったことなどが、軋轢を生んだという説もある。いずれにしても、これで久邇宮の側の勝利が決まった。

同年の3月3日、皇太子は外遊の旅に出た。節子皇后の希望はことごとく通らなかったわけだ。どれほどの挫折感が皇后を襲ったことだろう。そして、久邇宮が外戚となれば、天皇を経済的にも政治的にも利用しようとする可能性はじゅうぶんにあった。したがって、この問題はさらに1年以上も燻《くすぶ》り続けた。皇后が拒否反応を示し続けたのである。

洋行から帰った皇太子の摂政宮就任が決定したのは大正10年11月25日だった。皇族会議、枢密院会議での全会一致で可決された。

翌11（1922）年の9月になって、ようやく一般の結納にあたる納采の儀が行われた。宮内大臣の牧野伸顕日記には節子皇后が語った本音が記されている。

「実は昨春の出来事以来は色盲の事は第二段となり、久邇宮殿下の御態度今少し御謹慎被為べきものと考ふ。愈々御進行被為候以上は此点に付十分御自覚あり度切に希望す云々」（大正11年6月9日）

涙を呑《の》んで許可するが、久邇宮の態度はもう少し改まらないのだろうかと、牧野に向かって「再三御言及遊ばされ」たというのである。ただし、良子女王の人となりについては好感を抱いていると付け加えた。

その後、関東大震災などがあり、皇太子と良子女王の婚儀は大正13（1924）年1月26日までずれ込んだ。良子女王の誕生日が3月6日なので、21歳になる前に挙式したかったのではないかという説がある。披露宴は5月末だった。この前年の12月27日には、帝国議会の開院式に臨もうとした皇太子の自動車が、テロリストによってステッキ銃で狙われるという事件があった。世にいう「虎ノ門事件」だった。幸い皇太子に怪我はなかった。だが、日本全土に衝撃が走った。牧野伸顕はこの日の日記に「前途実に憂慮限りなき」と記している。

辞退しない小室圭さんの信念

それにしても、なぜ、皇太子の結婚問題はこれだけ長い年月にわたって決着を見なかったのか。山県有朋はすでに大正11年2月1日に83歳で亡くなっている。それは元老政治の終焉をも意味していたのかもしれない。

現在進行中の眞子さまの結婚の行方を考える時、やはり皇族の結婚とは、実に多くの人々が関係するのではないかと思われる。昭和天皇の時の関係者が、異口同音に語ったのは、こんなことでは将来が心配だという警告の言葉である。

今回の眞子さまの結婚もまた、皇室の将来を暗示しているのだろうか。国民全体のみならず、親族、両親などの賛同を得なければ結婚へと漕《こ》ぎつけられない時

婚約が内定し、記者会見での眞子さまと小室圭さん。納采の儀の日程は、まだ未定だ〈平成29（2017）年9月3日〉（代表撮影）

代は終わり、当人の一個人としての権利が優先する時代を迎えた感じがするのである。

それは天皇の家系に色覚障害の血統が入るとしても、人倫にもとる行為は止《や》めるべきだという声が、最終的には昭和天皇の結婚を確定させたのに似ているのかもしれない。あるいは、久邇宮家のなりふりかまわぬ強引な運動が、ついに節子皇后の抵抗を圧殺したのも、小室圭さんの絶対に辞退しないという信念と通底しているのではないだろうか。

戦後になって、直宮家《じきみやけ》以外に皇族はいなくなった。この先、皇族の歴史もさらに激変する時代が到来しないとも限らない。国際結婚、離婚、シングルマザーなど女性皇族や元女性皇族にあらゆる選択肢が許されても不思議ではない。

いずれにしても、節子皇后は胸の底にしっかりと刻んだはずである。皇族の結婚とは、よほど注意深く差配しなければ、取り返しのつかないことになると。結婚戦略にかけては平安時代から長《た》けていた九條家の出身であるだけに痛恨の極みだったろう。これ以後、皇后は他の親王たちの結婚には細心の注意を払うようになっていった。

3 妃殿下選考②

節子妃が「嫁選び」にかけた熱意

裕仁親王（後の昭和天皇）の1歳年下の弟である雍仁親王（後の秩父宮）が誕生したのは、明治35（1902）年6月25日だった。この日は節子妃の18歳の誕生日でもあった。年子で男児を出産した喜びは大きかっただろう。しかも次男の体重は兄よりも重い約3300グラムで、しっかりとした赤ちゃんだった。

それから2年半後の明治38（1905）年1月1日。国民の間に大きな不安をもたらしていた日露戦争で、日本がついに難攻不落といわれたロシアの旅順要塞を陥落させた。日本中が提灯《ちょうちん》行列や祝賀会に湧いた。そのわずか2日後の1月3日に、節子妃が3人目の皇孫を出産したのである。それは誰の目にも勝利を続ける帝国の隆盛と二重写しに見えたのではないだろうか。宣仁親王（後の高松宮）は兄宮たちより少し小柄だが、元気のよい新生児だった。

明治45（1912）年に睦仁《むつひと》天皇が崩御して大正の御世となり、節子妃は節子皇后となった。大正4（1915）年に四男の崇仁《たかひと》親王（後の三笠宮）が誕生する。

崇仁親王は年齢が離れていたため、3人の兄ほどいつも一緒に育ったわけではなかった。崇仁親王が「おもうさま（注・父宮）はすでに私が物心つく頃からお具合が悪かった」とおっしゃるのを私は聞いたことがある。気のせいか少し寂しそうな響きがあった。家族揃っての賑やかな団欒《だんらん》は、上の3兄弟だけの思い出なのだろう。

さて、前項で書いたように、長男の縁談は節子皇后にとって不本意なものであった。だから下の息子たちの結婚相手は、なんとしても自分で決めたいという強い意志を持っていたようだ。それが、いかに熟考を重ねた上での嫁選びであったかを、初めて私に教えてくれたのは、三笠宮家の長男の、故寛仁《ともひと》親王だった。もう今から20年ほど前のことである。

「工藤さん、貞明皇后がどれほど偉大な方であったかということは、僕の伯父たちの結婚を見ればわかります。秩父の伯父さまには会津藩主だった松平家から、高松の伯父さまには徳川家から嫁を迎えたんですよ」

「なるほど、明治維新以来の遺恨が、貞明皇后によって流されたわけですね」

思わず私が答えると寛仁殿下が大きくうなずいたのをまだ覚えている。

すでに何度も書いたが、当時の皇族にとって結婚は個人の問題ではなかった。皇室の弥栄《いやさか》を願うのは当然のことだが、さらに明治大帝が世界に発信した文明国としての地位を守り抜かなければならない。それは幾多の大戦を勝ち抜いた「神国」としての誇りでもあった。この誇りが後にとんでもない方向へと暴走する。だが、まだこの時代は神と天皇が確かに一体とみなされていて、国運はまさに神の掌《たなごころ》にあった。

皇后の信任を得ていた母・信子

秩父宮の結婚については、平成3（1991）年になって、勢津子《せつこ》妃が著した自伝といえる『銀のボンボニエール』に詳しい。

勢津子妃は明治42（1909）年に松平恆雄《つねお》の長女としてロンドンで生まれた。もともとは節子《せつこ》と名付けられたのだが、皇后の節子《さだこ》妃と字が同じなのは畏れ多いというので、結婚の直前に勢津子に改名した（本稿では勢津子妃で統一する）。

まず先に松平恆雄について記すと、恆雄は旧会津藩主松平容保《かたもり》の四男であった。祖父にあたる容保について勢津子妃は次のように書いている。

『勝てば官軍、負ければ賊軍』といわれるとおり、祖父はゆえなくして朝敵と呼ばれる身となった人なのです。白虎隊の悲劇をはじめ、若松城（一般には鶴ヶ城）の内外で男に劣らず死力を尽くして戦った非戦闘員の娘子軍《ろうしぐん》も交えた会津戦争は、一ヵ月の攻防戦の後、ついに城内の北追手門に白旗を掲げ、このときから会津藩は苦難と屈辱の日々を送ったのでした」（『銀のボンボニエール』）

これ以後は薩長勢が日本の政界を牛耳る時代が長く続いた。会津藩主のみならず、旧藩士や領民は筆舌に尽くしがたい辛酸をなめたのである。日本列島にその後も長くて深い亀裂が走った。

正田美智子さん（現在の上皇后、右）と話をする秩父宮勢津子妃（右から2人目）。左は正田富美子さん〈昭和33（1958）年〉

明治35（１９０２）年に東京帝国大学を抜群の成績で卒業した恆雄は、トップで外交官試験に合格して、ロンドンに赴任。現地にいたまま迎えた妻が鍋島直大《なおひろ》侯爵の四女の信子である。信子の姉は、梨本宮家や前田侯爵家など錚々《そうそう》たる名家に嫁いでいた。

余談になるが、信子は節子皇后の信任が厚く、御用掛を長く勤めた。また恆雄は昭和11（１９３６）年から20（１９４５）年まで宮内大臣として在職している。

時代は飛んで昭和34（１９５９）年に、今の美智子上皇后が上皇と結婚した際に、若いプリンセスに反感を抱いた張本人として、信子はたびたび皇室関係の書物で引き合いに出される。近年はテレビドラマまで、信子と思《おぼ》しきヒール役が登場するありさまだ。

しかし、聡明で慈愛に満ちた美智子妃を、松平信子が先頭に立って批判したとは考え難い。同年12月号の『主婦の友』には、美智子さまの母である正田冨美（後に富美子と改名）さんのインタビュー記事が載っている。その中で編集部から写真を撮らせてほしいと頼まれた冨美さんが、松平信子について語った言葉がある。

「松平《まつだいら》のおばあちゃま（松平信子《のぶこ》さん）などお写真に写されるのが、とってもお上手《じょうず》。この間伺ったとき、ぜひ一枚ちょうだいと、いただいてまいりましたの。私には、もう実《は》母《は》はいないし、主人の母も七十九才で、年をとっているし、けっきょくなんでもかでもおばあちゃまに御相談してしまいます。おばあちゃまのような方がいらしてくださってどんなに心強いかしれません」

親しみを込めた冨美さんのカジュアルな口調からは、両者に確執があった様子は窺えない。明治19（1886）年生まれの信子は、この時70歳を過ぎていたが、皇室の作法、儀礼などに関して生き字引のような存在だった。

勝利や称賛のためではない

娘時代の勢津子妃は、駐米大使となった父と共に一家でアメリカに住んでいた。ワシントンでフレンド・スクールに通って、猛勉強した時期である。この学校が戦後の日本の女子校と違うのは、競争心や成果主義を煽る教育をしないところだった。

一例として、学校でのテニス・トーナメントを挙げたい。勢津子妃は勝ち残って最後の決勝戦を迎えた。いよいよその日におそるおそるコートに行くと、待っていたのは決戦相手の生徒のみ。先生もアンパイアも見物人も誰もいない。ただお互いにカウントを取って勝負は進み、勢津子妃はついに優勝してしまった。といっても翌日、学校へ行き「こういうスコアで勝ちました」と報告するだけなのである。やや拍子抜けしていたら、学期末になって、その年の優勝者ということで、立派な銀のカップを授与された。学校側と生徒の間の強い信頼関係があればこそだと勢津子妃は心を打たれた。

こうした体験は、後の勢津子妃の人柄の形成に役立ったのではないだろうか。学問もスポーツも他人に競り勝つため、称賛を得るためにやるものではないということを自然に学んだのである。

そんな勢津子妃が自身に降りかかって来た縁談に驚愕したのは昭和2（1927）年のことだった。勢津子妃の親友の樺山正子《かばやままさこ》（後に白洲次郎と結婚した白洲正子）の父である樺山愛輔《あいすけ》伯爵が、突然ワシントンの大使公邸を訪れた。樺山の妻は裕仁、雍仁両親王の御養育掛だった川村純義の娘の常子。そして樺山と松平恆雄は学習院の同級生で肝胆相照らす仲だった。

実は樺山は重い使命を帯びて来訪した。節子皇太后が松平家の長女（勢津子妃）を秩父宮の妃殿下に迎えたいので、両親および本人を説得して応諾させてほしいとの思し召しだった。

しかし松平家には、この縁談を断っても無理がない幾つかの理由があった。まず父の恆雄は子爵としての籍を賜った時に、「今もなお旧会津藩士ということだけで、有為の人々が世に出ることをはばまれている。爵位など拝受しては彼らに相すまぬ」と言って、弟の保男《もりお》に譲り、自分は一介の平民となっていた。当時の皇室典範では平民の娘を妃に迎えるのは許されなかった。

また、秩父宮は次男であり、皇位継承権第1位の立場にある。もしも裕仁天皇の身に何かがあれば、秩父宮が天皇になる。まだ、現在の上皇が生まれる以前のことだった。したがって秩父宮妃になることは、皇后になる可能性を否定できなかった。

「平凡でいわば野育ちの不出来な娘」だから務まるはずがないというのが、母の信子の辞退の理由であった。もっともこの点に関しては、すでに信子はアメリカに発《た》つ前に、節子皇太后から直接に娘を秩父宮の妃殿下に迎えたいという内示を受けたという説もある。信子は「わたしはなるべくお受けしたいと思うのだけどね……」と松平家に長く仕えた養育係の高橋たかに語ったという（『秩父宮と昭和天皇』保阪正康）。

戊辰戦争の傷を縫い合わせた

前出の勢津子妃の自伝は平成3年に刊行されている。そこでは両親共に樺山伯爵にきっぱりと断ったとある。両親の強い辞退の念に負けて、樺山伯爵は2泊しただけで日本へ帰った。ところが間もなく樺山伯爵は再度ワシントンに現れるのである。東京で節子皇太后に、松平家辞退を報告すると、強い口調で言われた。「民間では、一度断わられると、それで引きさがるものですか」と（『貞明皇后』主婦の友社編）。

もしも今回も断られたら、自分はもはや日本の土を踏むことはあるまいと船上で覚悟した上での樺山伯爵の再訪だった。

「直宮妃の資格がない娘を持つ親としてご辞退申し上げたのは礼儀だが、それほどまでにご執心《しゅうしん》のお心に背いてこれ以上お断りすれば、こんどは礼儀に背くことになる」という結論に両親は至った。

それでも勢津子妃は樺山伯爵の説得を受け付けず泣き続けた。だが、最後に養育係だった高橋たかの口から「会津魂」という言葉が漏れ出るのを耳にして、天啓のように決心がついた。

昭和3（1928）年9月28日、結婚式が挙げられた。これで賊軍の汚名がすすがれたと会津の人々の喜びは一入《ひとしお》だったという。

その意味では三男の宣仁親王の結婚では、節子皇太后は早々と手を打っていたといえる。高松宮喜久子《きくこ》妃の著書『菊と葵のものがたり』（中央公論社）によると、その結婚は、喜久子妃が２歳の時から決まっていたという。明治44（１９１１）年生まれの喜久子妃が２歳というのだから、大正２、３年だろうか。

親のない子たちを高松宮邸に招いて宴を開いた喜久子妃〈昭和24（1949）年5月9日〉

喜久子妃は最後の将軍、徳川慶喜の孫娘であり、母は有栖川宮《ありすがわのみや》家の出身である。もう両親からして公武合体の見本だった。さらに遡れば、徳川慶喜の母も有栖川宮家から迎えられている。節子皇太后にとっては、まさに理想的な家系だった。

同書の中で喜久子妃が語った言葉が印象深い。

「私たちの結婚は、貞明《ていめい》皇后様（大正天皇皇后）がお決めになったような気がする。秩父宮妃殿下も会津の松平家からいらっしゃった方ですし、三笠宮妃殿下のご実家の高木正得《まさなり》子爵は幕臣でしょう。こっちは徳川慶喜の孫。だから嫁が三人寄ると、なんだかみんな、賊軍の娘ばかり揃ってるかたちじゃない（笑）。それだけに、会津でもご結婚が決まると、ご家来衆はたいそう喜んだそうです」

世にいう戊辰戦争で、日本全土に振るわれた大鉈《おおなた》の傷口を、節子皇太后は巧みに縫い合わせたのであった。静かな品性が漂う勢津子妃に比べ、喜久子妃は行動的で明るい女性だった。次項で述べるが、三笠宮妃は可憐な優しさと知性を併せ持つ方だ。それぞれが親王たちの良き伴侶となったのは節子皇太后にとっても幸せなことだったに違いない。

4　終戦への道

三笠宮が語った兄・昭和天皇

貞明皇后の第四皇子である三笠宮崇仁親王が、１００歳の長寿を全うして旅立ったのは平成28（２０１６）年10月27日であった。眠るが如き大往生だったと聞いている。昭和天皇の3人の弟宮は、すべてこの世を去ったことになる。

前述したが、その10年ほど前に、私は三笠宮と百合子妃から貞明皇后についてのお話を伺う機会に恵まれた。幼少期から、母宮がどのように末の息子に接しておられたかなど子育てについてのお談話は貴重なものだった。それ以上に今でも深く印象に残っている体験談があった。

それは戦争末期から昭和天皇の玉音放送が流れるまで、４人の兄弟の上に流れた時間に関するものだ。

すでに秩父宮雍仁親王は結核のため御殿場で療養生活に入っていた。実際に軍人として動けるのは海軍の高松宮と陸軍の三笠宮の2人だけだった。高松宮は天皇とは4歳違いと年齢が近く、戦局に関する意見も遠慮なく兄宮に語っている。その内容が「戦争指導」に関することだったため、「昭和天皇のご機嫌があまりよろしくなかった」という。

一方、三笠宮はまだ29歳。天皇は44歳であるから、2人の兄ほど率直に話はできなかったのだろう。

三笠宮によると、終戦の少し前に参謀という立場ではなく皇族として、高松宮と共に鈴木貫太郎首相に会った。

「鈴木首相ももちろん講和しようという考えだったのですが、なんとしてもまだ陸軍が強いから鈴木さんとしても随分苦しかったと思います。高松宮はそれを側面から激励したんでしょうね。高松宮邸で空襲のさなかに鈴木首相と会って、大いに鈴木さんのネジを巻いた時のことは今でも印象深く残っています」と語った。

日本全土がアメリカ軍の激しい空襲にさらされ、ついには、広島、長崎に新型爆弾（原爆）が投下される事態に至り、皇族たちも戦争の速やかな終息を求めていた。三笠宮も毎日のように高松宮や他の皇族たちと会って善後策を練っている。

「昭和天皇と私とは私的には兄弟に違いありませんが、公的には君臣でもあり、大元帥と一少佐という関係でもありました。公私を峻別される方でしたから、結果的には孤独で、寂しかったと推察します」

この思いは3人の弟宮が共通して持っていた認識ではなかったろうか。そして、たとえ実の兄弟であっても、「筋道を通すことを優先する」のが昭和天皇だったとも語っている。つまり、政治向きに関しては、たとえ弟といえども、横から口を挟ませない。意見は聞くが、それに左右されないという強い信念を天皇は持っていた。それがどれほどの孤独であったかも、三笠宮は承知していた。

連係プレーのように兄を訪ねた

終戦を急ぎたい弟として、思いが兄に伝わらないもどかしさは、平成19（2007）年になって、インタビューに応じてくれた時でさえも、まだ見受けられた。

昭和20（1945）年8月10日の御前会議において、鈴木首相が天皇に「御聖断」を仰いだのはあまりに有名な史実である。天皇は東郷茂徳《しげのり》外務大臣の出した案に賛成を示す。それはポツダム宣言を天皇の存続のみを条件として受諾するという内容だった。予期していた通り陸軍大臣の阿南惟幾《あなみこれちか》が激しく抵抗した。しかし、天皇の意思は固かった。

どうにもあきらめきれない阿南は、8月14日の夕刻、焼け跡の防空壕《ぼうくうごう》に三笠宮を訪ねている。何とか天皇にもう一度考え直してもらいたいので、お力添えを頂きたいという願いだっ

昭和天皇による終戦のラジオ放送を聞く人たち〈昭和20（1945）年8月15日〉

た。だが、一日も早く戦争を終結させたいという三笠宮の考えは変わらなかった。

自分の頼みが受け入れられず、悄然《しょうぜん》と去る阿南の姿を百合子妃がこう語っている。

「宮さまとお話が済んで、防空壕のある谷からの上り坂を阿南さんが肩を落として、なんともお寂しそうな後ろ姿で帰っていらっしゃるところを見たのですが、こちらまで感傷的になったのを忘れられません」

この時、百合子妃は22歳、阿南は58歳だった。

阿南はその後、陸相仮官邸に戻り遺書と辞世を記して夜半に一人で割腹自殺を遂げた。

翌8月15日に天皇の終戦の詔勅が、ラジオで流れたのを三笠宮夫妻は防空壕の中で聞いた。そして16日に三笠宮は御殿場の秩父宮邸に向かったという。

いわゆる玉音放送のあった当日は、高松宮と喜久子妃が揃って御殿場を訪ねている。高松宮の日記によると「御殿場へ、〇五二〇出門、〇八四〇着。一四〇〇発」との記述がある。正午の放送に備えて、午前5時20分には東京を出たのがわかる。

高松宮夫妻が御殿場へ向かった理由を秩父宮勢津子妃は次のように推し量る。

「今になって思いますと、わざわざ朝早く東京をご出発になっておいでになりましたのは、天皇陛下の初めてのご放送で生のお声を国民が伺うことなど未曽有《みぞう》の出来事でしたし、しかも歴史上かつてない重大な内容のご放送ですから、ご兄弟別々にお聞きになるに忍びないお気持ちがおありになったのでしょう」（『銀のボンボニエール』）

病床の兄を気遣っての高松宮の来訪だった。実は秩父宮も戦況の悪化については、よく承知していた。開戦以来、三笠宮、高松宮は頻繁に御殿場を見舞いに訪れ、いつも1泊して語り合った。新聞、ラジオは戦局の真相を報じなかったが、秩父宮は2人の弟からの電話や手紙、あるいは直接に会うことで情報を得ていた。いくら東條英機の権力が増大しても、さすがに憲兵隊は弟宮の電話や手紙の検閲はできなかった。

玉音放送のあった翌日には、三笠宮が来て1泊して帰る。まるで兄弟が連係プレーのように病床の兄を訪ねたのは、どれだけ3人の絆が強かったかを物語っている。

もはや負け戦ということを、貞明皇后は無論のこと、天皇を含め4人の兄弟は知っていた。そのために皇族たちが「終戦工作」に奔走した記録は『東久邇日記』『高松宮日記』『木戸幸一日記』『細川日記』などに詳しい。

それにしても、なぜ弟宮たちは早期の終戦を、もっと強引に天皇に提言しなかったのかという疑問は残る。しかし、その背景には貞明皇后の覚悟があったからだという推測ができるのではないか。

国民の規範となる家庭を築く

ふり返れば、昭和11（1936）年に起きた「二・二六事件」の際の天皇の怒りは凄まじかった。この時期、秩父宮は決起した将校たちにある種のシンパシーを感じていたという説がある。実は、あの事件の翌日に秩父宮は将校たちのために弘前から上京したというデマが流れた。さらには「秩父宮が天皇さまと代る」といった噂がささやかれた。二・二六事件には当時の日本人の欲求不満にこたえる要素がいろいろと含まれていたので、「《秩父宮による昭和維新》という幻影を生んだ」のではないかと作家の安岡章太郎は書いている（『僕の昭和史Ⅰ』）。

これに貞明皇后がどのように関与したか詳しい資料はないが、インタビューの途中で、百合子妃が何度か繰り返した言葉は忘れられない。

「どんな時でも大宮さま（貞明皇后）は、まずは天皇陛下を『お上御一人』としてご尊敬でした。宮さま方は陛下を助けて協力するようにというお気持ちにお変わりはありませんでした」

それでも、「貞明皇后は実は秩父宮をご寵愛だったとか、あるいはご自身が実権を握りたいと考えておられたと書く文献もありますが」と、私がしつこく尋ねると、日ごろは穏やかな口ぶりの百合子妃が、はっきりと首を横に振られた。

「そんなことは、私が上がってからは、もちろん聞いたことも見たこともありません。その前から大宮さまはずっと陛下をご尊敬で、陛下のおためにと常におっしゃっていましたし、他の宮さまたちにもそうおっしゃっておられました」と確信に満ちた声で語った。

はっと背筋が伸びるような気持ちで、私は百合子妃の言葉を聞いた。

4人の息子の母として、貞明皇后は何より家族の結束を強く願っていた。3人の弟たちが協力して兄の天皇を助け

赤坂御用地を散策する三笠宮両殿下〈平成27（2015）年11月16日〉（宮内庁提供）

ないで、何が皇族だ、何が皇室だという思いを強く秘めていたのではないだろうか。

日本の国民の規範となるべき家庭を築くという信念のもとに、貞明皇后は生きてきたのである。だからこそ、こだわった息子たちの配偶者選びでもあった。

三笠宮の幼少期、一緒に暮らすことは叶わなかったが、養育に関しては実に細かい気配りを見せている。第1章でも紹介したが、叱るというよりは、本人に自覚させるように仕向ける育て方だ。

自分でわら半紙に「投げてよきもの」「投げてはいけないもの」「本当に投げてもいいもの」などと細かく記す。

幼い頃の三笠宮が、窓からなんでも投げてしまう。あまりに度が過ぎたので、皇后が決まりを作ったわけだ。

貞明皇后の采配は見事だった

では、何を投げてよいのかというと、枕のような柔らかいものはかまわない。しかし、カメラなど機械類はいけない。そんなふうにして、子供が自分で考える余地を与えるのである。

「何といっても母宮さまのこまやかなご愛情とお叱りになるところはきっちりとおっしゃる、そういう諄々《じゅんじゅん》と諭されるようなご養育方針が素晴らしいものだったと思われますね」と百合子妃は語った。

三笠宮の幼少期には、常に御養育掛長、御養育掛、御用掛といった大人たちが傍らに控えていた。成績は優秀で、心配を掛けることもなかった。これは秩父宮も高松宮も同じだったらしい。

一番末の息子が25歳で陸軍大学校の学生であった昭和16（1941）年に、貞明皇后は縁談を進めた。時に皇后は56歳である。

まず、三笠宮に大宮御所で映画会をするので、娘さんが2人来るけれど、妹のほうをよく見ておくようにと伝えた。その前にも職員が見合い写真を持ってきたりしていたが、三笠宮はあまり関心を持たなかった。軍務が忙しいこともあったらしい。ところが、映画会で会った令嬢には「大変けっこうでございます」と母宮に即答している。

では、百合子妃はどのような気持ちだったのだろう。まだ17歳で女子学習院に在学中だった。父は高木正得子爵。母は入江為守《ためもり》子爵の娘で、昭和天皇に仕えた入江相政《すけまさ》侍従長は母の弟だった。

実は百合子妃の姉が婿養子をもらうことが決まったので、貞明皇后にご挨拶に伺うに際して、妹も連れてくるようにという思し召しがあった。それがお見合いであることを親は知っていたが、百合子妃は何も知らないまま映画会に同席した。

それから2日後に親の動きが急に忙しくなった。学校から帰ると、父親に座敷に呼ばれ三笠宮との縁談の話を聞かされた。とっさには意味がわからず、やがて理解すると「務まりません。お断りして下さい」と何度も頼んだ。しかし、貞明皇后の強い意志は変わらず、卒業と同時に婚約が決まったという。「青天の霹靂《へきれき》」「まるで雷様が落ちたみたいで逃げようがないのですよ。親子ともどもただただびっくり」と百合子妃は回想している。

　その後70年以上の歳月を三笠宮は百合子妃と幸せな結婚生活を送ったのであるから、貞明皇后の采配は見事だったというしかないだろう。

5 国家の礎

姑としての節子皇太后

秩父宮、高松宮、三笠宮の妃殿下たちは、嫁として節子皇太后に心酔していた。では、昭和天皇の后だった良子皇后（香淳皇后）はどうだったのだろう。往年を知る人たちに聞いてみると、とくに波風は立たなかった、何より節子皇太后は両陛下を支える姿勢を常に示していたという言葉が返ってくる。

一方で、『高松宮日記』第八巻には気になる記述もある。昭和20（1945）年の2月になると、宮城《きゅうじょう》や皇太后の住む大宮御所周辺はアメリカ軍の空襲の標的となった。そして4月15日には大宮御所の庭に「百数十発焼夷弾ガオチテ大サワギ」の事態となる。皇太后や天皇皇后の疎開も検討されていたが、3人とも動こうとはしなかった。

ついに5月25日の空襲で、大宮御所は全焼した。節子皇太后は御所から庭づたいに下りたところにある防空壕へ避難をして助かった。防空壕に移ろうと廂《ひさし》の下に入った直後、廂の上で焼夷弾が炸裂《さくれつ》したというのだから、まさに危機一髪である。

炎上したのは両陛下のいる御所も三笠宮邸も同じだった。東京にあった秩父宮邸も日本館と倉庫のみ残して焼けた。高松宮邸だけがかろうじて被爆を免れたため、翌朝には喜久子妃が車で大宮御所に駆け付けた。市中の電線は垂れ下がり、御所の建物は跡形もなく、左横の蔵からは、まだぼうぼうと火が燃え盛っている。御所から少し坂を下ったお茶畑の中にある防空壕に、節子皇太后が端座していた。宮城も大宮御所も焼け落ちたと喜久子妃が知らせたところ、皇太后は驚いたふうもなく、「これで国民といっしょになった」と、満足そうに言った。

それからは、秩父宮妃、高松宮妃、三笠宮妃の3人は、乏しい食材をやりくりして料理を作り、毎日のように皇太后に食事を届けた。この空襲で電気、水道、ガス、電話などのインフラが破壊され、家を焼け出された人々は塗炭の苦しみを味わっている。皇族とて同じだが、嫁たちは助け合いながら姑の身を案じる毎日。それはそのまま、どこにでもある普通の家庭の情景と変わらなかった。

その間、天皇皇后はどうしていたのだろう。5月28日の『高松宮日記』を引用してみたい。

「大宮様ト御所トノ御仲ヨクスル絶好ノ機会ナレバオ上カラ御見舞ニ行ラッシャルナリ赤坂離宮ニオ住ミニナル様御ス、メナリ遊バシタ〔ラ〕ヨイトノ事カラ、マタ私手紙カイテソノ事申シ上グ」

つまり大宮御所が焼けたとなると、皇太后がどこに御動座するかが問題だった。天皇が東京にいる限り自分は疎開はしないと皇太后は決意している。しかし、敵軍の爆撃が帝都に雨《あめ》霰《あられ》と降って御所も炎上するようでは、そんな建前を聞き入れてばかりはいられない。

国家の危機が家族の危機へと

これを機会に両陛下が防空壕の皇太后をお見舞いに上がれば、両者の関係が改善する絶好の機会だと高松宮は思って手紙を認《したた》めた。戦争末期になると、それぞれの皇族の緊張感も極限に達していて、天皇と皇太后の「御仲」も良好ではなかったのがわかる。それを取り持とうとする高松宮の努力は、残念ながら報われなかった。

昭和20（1945）年5月31日の「高松宮日記」には、御所から連絡があり、両陛下が皇太后のところを訪ねるか、あるいは皇太后を招待するかと提案した件は「宮相等も相談した結果、当分のうちは実行不可能となり」というすげない返事だった。赤坂離宮のこともやんわりと断られ、高松宮は大いに意気消沈する。時節柄、自分がややもすれば筋を離れていろいろ提言することに、天皇はことさら反対の意を示したのかもしれないと思った。

「悲シイ、眼ノ裏ガニジム心地ス」という言葉に、この時期の難しい家族関係が読み取れる。

戦争によって、情と理が冷たく切り離されていた。国家の危機は家族の危機にも及んでいたのではないか。

とはいえ、天皇もいつまでも皇太后に会わないわけにはいかなかった。なんとしても皇太后に疎開を説得する必要があった。

両者の往来が急に活発になるのは6月14日からである。小田部雄次著『昭憲皇太后・貞明皇后』には、この時期の流れが克明に記されている。すでに皇太后の疎開のために、軽井沢の近藤別邸の改造工事が始められていた。

空襲の合間を縫って天皇皇后が防空壕を訪ねたのは6月14日だった。ここで、軽井沢へ疎開の話が出たらしい。興味深いのは、同行した入江相政の日記に書き記された内容だ。天皇は午後1時半に出発して、3時半頃まで防空壕で話し合った。よほど天皇にとっては負担だったようで、帰邸すると「夕方まで御寝、御気分がお悪さうである」と書いてある。6月25日の皇太后の誕生日も、入江日記には「午后大宮御所へ恐悦を申入に出る」とあるのみだ。特に両陛下が心を込めたお祝いを贈ったという記述はない。

ふたたび『昭憲皇太后・貞明皇后』に戻ると、6月28日に今度は皇太后が皇居に挨拶に行った。疎開についての返事だったろうとある。さらに7月19日に良子皇后が単身で皇太后のもとを訪れた。その後、7月31日になって皇太后の疎開は8月20日に決まり、8月6日にはまた良子皇后が単独で大宮御所を行啓している。

こうして見ると、もちろん皇后が簡単には外出もできないのは理解するにしても、3人の弟宮の妃殿下たちに比べて、良子皇后との距離はかなり隔たっていたと推測できる。良子皇后は何事にもおっとりとしていた。すべてにおいて万全の気配りをする皇太后とは、その性格に水と油ほどの違いがあった。

8月15日の玉音放送で国民に終戦が知らされた。衝撃、不安、悲哀、憤怒、悔恨などさまざまな情念が日本全土を駆け巡った。16日に高松宮は皇太后を訪ねている。午後5時半に行って、9時40分に帰ったと記されているので、じっくりとこの先のことを話し合ったのだろう。他に誰が同席したかは不明だ。

予定通り20日に皇太后は軽井沢に出発した。午後2時40分、秩父宮妃、高松宮夫妻、三笠宮夫妻は、軽井沢へ旅立つ皇太后を見送り、それから御所へと向かった。

戦争に敗れたとなれば、待ち受けているのは苦難の日々である。それでも皇族としての絶対的な責務からは、ある意味で自由になった。国家を勝利に導くのが戦争中に課された皇族の最大の義務だったからである。

「爆撃にたふれゆく民の上をおもひいくさとめけり身はいかならむとも」

昭和20年に詠んだとされる天皇の御製《ぎょせい》だ。とにかく終戦に持ち込むことが目的であり、わが身はどうなってもよいと思ったという言葉に偽りはなかったろう。

やがてマッカーサー連合国軍最高司令官が日本に乗り込んできて、社会は大きな変革を遂げる。それとは別に、皇太后にはやらなければならないことがあった。それは、戦争中にこじれてしまった家族関係の修復だった。それぞれの宮家に仕える職員たちも承知していたろう。

家長の天皇を仰ぎ見て歩んだ

皇太后は軽井沢に昭和20（1945）年12月まで滞在した後、東京経由で沼津の御用邸に移っている。沼津滞在中の皇太后については、坊城俊良《ぼうじょうとしなが》（皇太后宮大夫）が自著『宮中五十年』の中で、きわめて印象的なエピソードを紹介している。

昭和21（1946）年6月のこと。天皇皇后による静岡県の戦災地への御巡幸があった時、久々に沼津の御用邸で皇太后と対面した。その晩は良子皇后だけが沼津に残って1泊している。皇太后と皇后が一緒に泊まることは未《いま》だかつてなかった。2人は深更までずっと話し込んだ。戦争中を知っていた職員たちは、特別な思いでその情景を見守っている。

「晴れ晴れと、そして柔く温い光のもれるお部屋を仰いでは、奉仕の者も、警衛の者も、その夜はひとしおもの静かに、それぞれもの思いにふけった」のだった。

翌日になって、行幸日程を終わらせた天皇の乗ったお召し列車は沼津に停《と》まった。列車を降りた天皇は、駅で出迎える皇太后を中へ招き入れ、皇后と3人で卓を囲んで話し始めた。そんな姿が一般の人の目に触れるのはまさに前代未聞のことだった。駅に集まっていた人々は万感胸に迫るものがあったのだろう。あの戦争が終わってまだ1年もたっていない。やがて群衆の中から「天皇陛下万歳」の叫びが聞こえ、誰が歌い出すともなく「君が代」の大合唱が沼津駅のホームに響いた。天皇は立ち上がり、皇太后も皇后も一緒に群衆の方へ向かった。気がつけば、歌っている人々も駅員たちも職員も、皆が滂沱《ぼうだ》の涙に暮れていた。とにもかくにも戦争は終わり、天皇一家が仲良く語らう姿が、平和の訪れを実感させたのだろう。著者の坊城には、これが天皇と皇太后との和解だと映ったのかもしれない。

皇太后が皇室に入内したのは15歳の時だった。その後の生涯のすべてを懸けて、彼女が残したかったものは、親から子へと引き継がれる家族の形ではなかったろうか。

何があっても家族が支え合えば国家の礎となる。その家族の形の中には宗教、儀式、思想、道徳、言葉などさまざまな分野があった。それを載せる土台をより強固にするのが、自分の使命だと思っていた。なぜなら、皇太后は国家の母であり、国民の母だからである。時には狂信的と言われ、好戦的と評され、権力志向が強いと批判されても皇太后は一途に家長の天皇を仰ぎ見て歩んだ。

あの明治維新で、皇室が目指したのは帝国の隆盛であり、西欧の先進国の仲間入りをして、アジアの盟主となることだった。その野望は敗戦によって空《むな》しく潰《つい》えたが、皇太后が最後まで守りたかった家族の絆は、ふたたび温かい情が通い合うようになっていた。

そして迎えた昭和22（1947）年10月、直宮以外の皇族の皇籍離脱が決まった。実に11宮家、51人の皇族が一般人となったのである。元皇族の将来はどうなるのか。暮らし向きはどうなるのだろうといった不安は募ったはずである。しかし、皇太后の態度は毅然としていた。

自分の言葉で語る皇太子妃

皇籍離脱を伝えるラジオ放送を聞いた時、皇太后宮職事務主管の筧素彦《かけいもとひこ》に言った。

雨の中、山形県東置賜郡（現南陽市）宮内町を視察する貞明皇后。戦後は、一般の人々との触れ合いを大切にしていた〈昭和25（1950）年6月〉

「これでいいのです。明治維新この方、政策的に宮さまは少し良すぎました」

同じく、三笠宮妃には「昔の四親王家になるわけですね」と言い切った。かつて有栖川宮、伏見宮《ふしみのみや》、桂宮《かつらのみや》、閑院宮《かんいんのみや》の四家が代々親王の称号を与えられた時代があった。その頃に戻れば

皇位継承後、初めての新年を迎える天皇ご一家。新たな時代になり、皇室にも新たな時間が流れる〈令和元（2019）年12月12日〉（宮内庁提供）

よいという意味である。

　こうした言葉は、すでに皇太后が皇室の変転を予測していたと思わせる。あるいは、あの大空襲で大宮御所も宮城の賢所《かしこどころ》も豊明殿も紅蓮《ぐれん》の炎に包まれた時に、明治時代から続いた近代皇室もまた、燃え盛る火の中で滅亡したと感じ取っていたのかもしれない。後は、自分のあずかり知らぬ皇室となる。それは維新前に戻ったと考えればよいと自分自身を納得させたのではないだろうか。

　戦後の皇太后は一般の人々との触れ合いを喜び、質素な生活すら楽しんでいるように見えた。昭和26（1951）年5月17日、突然この世を去っている。享年66。追号は貞明皇后と定められた。

この日から8年後の昭和34（1959）年4月10日、明仁皇太子と正田美智子さんの婚儀が執り行われた。現在の上皇、上皇后である。すでに皇族も直宮の家族しかいなくなり、華族制度も廃止になっていた。そこに一般家庭から入内した美智子さんに対する国民の期待は大きかった。美しく賢く、何よりも自分の言葉で思いを語る皇太子妃の出現に、誰もが感銘を受けた。

戦後に象徴天皇としてのありようを模索したのは昭和天皇だった。それをはっきりと国民の前に可視化して示したのが、平成の天皇と皇后である。新たな皇室には新たな時間が流れ始めた。天皇、皇后はこうあるべきだとか、妃殿下はこうするべきだとか、女性皇族の結婚はどうやって決めるかといった規定を社会が押しつけるのは難しい時代に突入した。これからは、より自由に、より多彩に、それぞれの皇族が自分の人生観に沿った生き方をして、そこに幸せを見いだすようになるのだろう。国民はこの先、あるがままの皇室をどのように受け止めるのだろうか。私たちの課題は重い。

終章　あとがき

女性皇族たちの降嫁と皇室への輿入れ

本書を書き終えた時、まず思ったのは、もしかして、これはきわめてお節介な内容だったかもしれないということだった。

大正天皇の后だった貞明皇后の足跡をじっくりと検証する作業によって、現代の皇室、なかんずくは女性皇族の生き方と結婚について考察する。それが執筆の動機だった。

さらに気づいたのは、昔から皇室は結婚戦略に大きな比重を置いていたということだ。二千年ともいわれる歴史の中で、政権を握る実力者は時代ごとに交代した。それでも、皇族、貴族が備えている権威は、つねに権力の箔付けには不可欠だった。

そうしたものがほとんど消失したといえる戦後の社会では、女性皇族が嫁ぐ先は一般家庭となった。島津貴子《たかこ》さま、近衛《このえ》甯子《やすこ》さま、黒田清子《さやこ》さまなどは元内親王だった女性である。近年では高円宮家の女王3人の中で2人が相次いで結婚した。

皆さま幸せな家庭を築いている。いや、少なくとも、国民はそのように理解している。何か大きなスキャンダルや不祥事などがマスコミに流れたことはない。ある時期、高円宮家の次女、千家典子《せんげのりこ》さま夫妻の不仲説を週刊誌が報じたことはあったが、それも立ち消えとなった。民間に降嫁した皇族女性が結婚問題で大きく世間を騒がせたことはなかったし、離婚した例も知らない。

例外的には戦後間もない昭和25（1950）年に鷹司《たかつかさ》家に嫁いだ和子内親王のケースがある。昭和41年に銀座のバー経営者の女性の住居で、鷹司氏は亡くなった。一酸化ガス中毒による事故死であったが、心中ではないかという憶測が流れた。真相は今も不明ながら、これは和子さまの落ち度ではなくて、あくまで鷹司氏の不注意によるものだった。同情はもっぱら和子さまに集まった。

つまり、戦後になっても女性皇族の結婚は、盤石な態勢で周到に用意されていた。私見にすぎないが、恋愛結婚もほとんどなかったと言えよう。したがって、眞子さまの今回の騒動は国民にとってもまったく未知の経験だったわけだ。

ただし、華族や一般家庭の女性たちが皇室に輿入れして妃殿下になった場合は、また違った側面があった。特に、戦後になって皇太子妃となられた美智子さまは、強い信念のもとに、一般家庭、そして正田家の価値観を皇室に持ち込むことで新しい風を吹き込んだ。それが東宮御所に新たに設《しつら》えたキッチンで料理をする姿であったり、子供たちを手元で育てることであったりした。

2人の親王は、恋愛結婚を選んだ。美しく語学に堪能な雅子妃、紀子妃が家族に加わり、すべては順調に見えた。眞子さまの結婚問題が起きるまではである。ここに至って、国民がさかんに議論したのは、皇室における「公」と「私」についてだった。皇族はどこまで「私」を主張すべきなのか、または主張すべきではないのかは、あらためて喫緊の課題として社会に浮上した。

これだけ個人情報の保護が重視される時代になって、はたして女性皇族の結婚は以前と同じ手順で進められるのだろうか。その是非を論じる前に、私は貞明皇后が精魂込めて死守しようとした皇室の伝統と、九條家に伝わる結婚戦略を今一度復習したいと思った。

蛇足ながら付け加えると、昭和天皇の后だった香淳皇后は、おおらかで楽天的な性格の女性だったようだ。日常の気配りなどは万端きちんとなさったが、俯瞰《ふかん》的に皇室の歴史を精査して、何かに取り組むというようなタイプの女性だったとは思えない。その点では貞明皇后の目線はもっと広範であり、常に皇室の未来を眺望していた。

変わるのは皇族だけではない

しかし、本書の原稿をすべて書き終わってみると、いわば締めにあたる最後の「あとがき」がまったく書けないまま1カ月が過ぎた。これは初めての経験だった。今までなら、このテーマをなぜ書こうと思ったのかという説明をまず述べて、それから、自分なりにどのような結論に達したのかを書くのが常だった。それで「あとがき」は終わる。

だが、今回ばかりは、女性皇族の生き方が日々、猛スピードで変わってゆくのを目の当たりにして、呆然としてしまった。現在、この原稿を書いている間にも、予想が不能な事態が展開している。メディアの報道には、ただ戸惑うばかりだが、それらの多くは皇族からの発信であると考えてよいのだろう。そうなると軽々に批評を加えるわけにもいかなくなる。

それを承知の上で、あえて述べるならば、これから変わるのは皇族だけではないということである。私たち一般の国民もまた認識の変更を迫られているのではないだろうか。そして、皇室のありようを長い歴史に則《のっと》って、真剣に考察したり定義したりするのは、余計なお節介なのかもしれない。つい私たちは皇族を常に国民と共にある存在だと捉えがちだ。日本という国の統合の象徴だと教えられて育ったためだろう。しかし、本当にそうなのだろうか。今日では単なる過剰な思い入れにすぎないのではないか。その思い入れが、もはや皇族にとっても、一般の人々にとっても、重荷となってしまっているような気がする。少なくとも、皇室と皇族を別個に分けて考える必要があるだろう。

今の皇族は、天皇家や秋篠宮家、三笠宮家、高円宮家といった、それぞれ単一の家族が主体となって形成されている。もちろん、人間である以上、家族の考え方が同じとは限らない。

一般の家庭でも、祖父母、両親、子供たち、孫たちと、その生き方は百人百様だ。そして、三世代、四世代が同じ家で暮らすのもレアケースになりつつある。極端なことを言えば、家という概念が盤石なものではなくなった。むしろ大切なのは一個人の幸せであり、満足感だ。皇族もまた私たちと同じ人間である以上、古い慣習に縛られるのを拒否する感情が強く出ても何ら不思議はない。

オリンピックの開会宣言をどう考えるか

令和3（2021）年7月23日に開催された東京オリンピックの開会式では、天皇の読み上げた開会宣言の内容が話題となった。

「オリンピアードを祝い、東京大会の開会を宣言します」と述べるところ、「祝い」を「記念する」とした。祝うという気持ちにはなれない意思表示だろう。

すでに国民は、西村泰彦宮内庁長官の発言によって、天皇はオリンピック開催が新型コロナの感染拡大につながるのではないかと懸念しておられることを知らされていた。したがって、祝えないというお気持ちはある程度、私たちも予測していた。

雅子皇后は出席しなかった。ご体調だけが原因とは言えない。両陛下のオリンピック開催に対する疑念の発露が欠席の理由だともっぱらメディアは報じた。真実ならば、公的行為に対する反発という意味になる。

実際、ある女性週刊誌は、「陛下断固拒否！　接待強要ＩＯＣ（恥知らず）から雅子を守る」という、なんとも煽情的な見出しを表紙に大きく刷り込んでいた。記事には「エリート意識が強く、ミーハー気質なＩＯＣ委員たちは、王族や貴族が大好きだといわれており」「皇室にもどんな要求を突きつけてくるか、予想もつきません」という匿名の皇室担当記者の発言が引用されていた。これは平成25（２０１３）年９月６日に載った日本経済新聞の記事にもよく似た表現があった。

しかし、本当にＩＯＣ委員はミーハーで恥知らずだから、なんとしても天皇皇后両陛下の接待を要求するだろうか。もともとＩＯＣ委員には、王族、貴族が多く、特に日本の皇族にミーハー的な興味を寄せているとは思えない。

私事で恐縮だが、私は昭和47（１９７２）年の札幌オリンピックでは、コンパニオンとして働いた経験がある。ＩＯＣ委員たちの宿舎となったホテルのロビーには、それこそ石を投げれば当たるのではないかと思うほど、海外の国王、王妃や王子、王女、そして貴族などがぞろぞろ歩いていた。彼らが特別に日本の皇族を珍しがっているようには見えなかった。もちろん、開催国の皇族に対しての礼儀は尽くしていたと思う。あれから時が流れ、ＩＯＣはすっかり堕落した集団になってしまったのだろうか。ひたすらミーハー的興味で皇族に会いたいと要求しているのだろうか。

今回のオリンピック開催に反対の多くの国民にとっては、両陛下の「断固拒否」は胸のすくような行動と思えたに違いない。喝采を送る国民もたくさんいた。まさに、時の政権への批判も辞さないのが、天皇皇后両陛下の姿勢ということである。日本でのこうした報道は当然、海外にも伝わる。皇室外交と呼ばれるものの本質は、そう単純ではない。それが本職である外交官や政治家が展開する外交とは違ったレベルでの複雑さが潜んでいる。それはイギリス王室におけるヘンリー王子とメーガン妃の振る舞いを見ても瞭然だ。メーガン妃はアメリカ初の女性大統領を目指しているという。そうなったら英米の外交関係はどうなるのか。空恐ろしい気がする。また、日本の近隣諸国にとって、天皇と政府の反目はどのように映ったのかは、ぜひ知りたいところだ。

当日に喜んで開会式に参加した各国の選手たちは、不安や違和感を覚えたのだろうか。彼らは、ひたすらオリンピックの開催を信じて、練習を重ねて来た。そもそも、オリンピックとは政治とは無縁のものである。コロナ禍下でのオリンピックの開催を僥倖《ぎょうこう》と受け止め闘志を燃やしていた選手たちは、天皇の拒否を無理もないことだと納得したのだろうか。また、スポーツに希望や喜びを託して練習に励む日本中の子供たちは、複雑な空気をどう読んだのだろう。

振り返ってみれば、国民のオリンピック開催に対する意見は二分されていた。政府の無能により、新型コロナウィルス・ワクチンの接種は遅れ、治療薬の開発も後手後手にまわり、感染者数は増加した。怒りを感じない人はいなかったくらいだ。何がオリンピックか、それどころではないという声は無視出来ないほど大きかった。

さらに、テレビの放映権などを巡って、ＩＯＣ委員やトーマス・バッハ会長が理不尽な要求をしたという報道が流れ、ＩＯＣに対する評価は大きく下落した。

だからこそオリンピック開催に対するマスコミの猛烈な罵倒は続いた。その極め付きが、天皇の「ご懸念」拝察だった。やはり天皇皇后両陛下も開催に反対しているのではないか。今からでも遅くないので、開催は中止しろという声が俄然高くなった。開催中止のお墨付きをもらったような盛り上がりを見せた。

しかし、こうも考えられないか？　天皇皇后両陛下には出席をしないという選択肢もあったのではないか。開会式の間に垣間見えた天皇の表情は終始翳《かげ》っていて、とてもスポーツの祭典を祝うような明るい雰囲気ではなかった。

天皇に拍手を送った人、もどかしさを覚えた人、失望を感じた人。さまざまな思いで、国民はテレビを見つめていた。いっそ、はっきり出席を拒否して、代理の人物が開会宣言を読むという方法は考えられなかったのだろうか。不快だと感じながら、国立競技場にご臨席なさっている陛下のお顔がテレビに映るたびに、私はなんともいたたまれない思いがした。不本意なお気持ちがひしひしと伝わって来る映像だけに、もう天皇に「憂慮なさること」を押し付けるのを私たちはやめるべきだろうと感じた。

実に簡単なことである。理由を問われたら、祝えないものは祝えないでよいのではないか。

コロナ患者が増えることへの懸念の方が、天皇にとっては大きな心配である。皇后の「ワクチン接種を非公表にされることで、五輪にノーを突きつけたといっていいでしょう」とまで書いた女性誌もあった。それほどオリンピック中止を求めておられたのだったら強引に出席していただくのは失礼というものだろう。

たとえ天皇が開会宣言をするという前例や決まりがあったとしても、一人の皇族としてそれを踏襲する義務がどこまであるのだろうか。国民もまた考えなければならない時期が来ている。

選手たちは天皇のために競技を闘うのではない。オリンピックという4年に一度のスポーツの祭典のために国を代表して闘うのである。特に天皇がお出ましにならなくても、闘志が衰えるとか落胆するということはよもやあるまいと思う。

なぜあの戦争を止められなかったのか

少し話が逸《そ》れるが、令和の御代になってこの方、私は毎日のように昭和天皇の生き方について考えていた。

なぜ、あの戦争を天皇は止められなかったのか、あるいはもっと早く終結させられなかったのか。そこに思いがゆかない日はなかった。

これに関して、後にマッカーサー連合国軍最高司令官が興味深い発言をしている。それは天皇・マッカーサーの第1回の会見に関するものだった。昭和20（1945）年9月27日のことである。

昭和25年に来日したアメリカ人ジャーナリストのジョン・ガンサーが書いた『マッカーサーの謎』という本がある。その中にこんな文章が記されていた。

「この第一回の会見で、天皇はこんどの戦争に遺憾の意を表し、自分はこれを防止したいと思つたのだといつた。するとマッカーサーは、相手の顔をじっと見つめながら、もしそれがほんとうだとするならば、なぜその希望を実行に移すことができなかつたのか、とたずねた。これにたいする裕仁《ひろひと》の答えは、大体次のようなものだつたそうだ。『わたしの国民はわたしが非常に好きである。わたしを好いているからこそ、もしわたしが戦争に反対したり、平和の努力をやつたりしたならば、国民はわたしをきつと精神病院かなにかにいれて、戦争が終るまでそこに押しこめておいたにちがいない』」

もちろん、この言葉を語ったのはマッカーサーであろう。

しかし、それがすべて真実だったとは考え難い。周知のように第1回天皇・マッカーサー会見で、どのような会話が交わされたのかは、諸説がある。また、マッカーサーはとかく物事を誇張して喋る癖があった。そうしたことは差し引いて解釈しなければならないのだが、天皇が本当に訴えたかったことを想像してみる価値はあろう。

軍部が次第に権力を掌握していった日本で、天皇は不本意ながら戦争を始めなければならなかった。この点については、戦後になって公開された資料や、関係者の証言からも立証されている。

なんとか、外交努力で開戦を回避出来ないかと、天皇はぎりぎりまで粘った。しかし、軍部と世論は開戦に傾いており、その勢いを止める術はなかった。強引に止めようとすれば、病気と診断され幽閉される恐れを感じていたのかもしれない。

かつて、大正天皇は病弱であり、大正10（1921）年11月25日に皇太子だった裕仁親王は20歳で摂政宮となった。すでにこの前年には、天皇の状態がもはや回復の見込みがないとの発表が宮内省からあった。世情は騒然となり、株式も暴落した。

摂政宮に就任した後の皇太子は多事多難な歳月を送った。5年後に大正天皇は崩御し、時代は昭和となり、その果ての太平洋戦争の開戦である。明仁皇太子（現・上皇）はまだ学習院初等科の2年生だった。仮に開戦反対を表明して天皇が退位したとしても、摂政宮には立てられない。立てたとしても幼な過ぎて皇位は空位と等しくなる。軍部がさらに勢力を増すだけだったろう。開戦は、まさに苦渋の選択だった。

終戦もまた敗戦の色が濃くなる中で、弟宮たちも早期終結のために動いた。だが、昭和天皇が最後までこだわったのは、私情に流されないことだった。本筋を通さぬ進言は、たとえ身内であっても取り合わなかった。

結果的には、天皇は自身の生命を懸けて終戦のご聖断を下した。

　戦後になって、圧倒的な国民からの支持のもとに天皇は新しい時代を迎えた。荒廃した国土での、あの国民と天皇の密着感は何だったのだろう。そして天皇が崩御した時の人々の悲しみは、まさに家長を亡くした家族のそれだった。私にはその理由が今でもわからない。しかし、あの時代までは、戦前の古い天皇のイメージがしっかりと残っていたのだろう。

　連合国軍の占領下で、皇族は天皇家と秩父、高松、三笠の三宮家となった。これは、やがて天皇制が滅びることを予見してマッカーサー最高司令官が計画的に措置したからではないかと私は考えている。マッカーサーは日本の民主化、キリスト教化を求めて、明仁皇太子にアメリカ人家庭教師を推薦している。

　つまりは民主主義という巨大な卵を日本の皇室に産み付けて、彼はアメリカに去った。

皇室史上初の恋愛結婚

　昭和34（1959）年4月10日、明仁皇太子は一般家庭から妃を迎えた。英語に堪能であり、非の打ちどころのない才媛だった。美智子妃は聖心女子大学を優秀な成績で卒業していた。なにより皇太子が切望した女性だった。皇室史上初めての恋愛結婚と評する人もいる。

　良子《ながこ》皇后、秩父宮妃、高松宮妃をはじめ、学習院を卒業した女性皇族、あるいは旧皇族にとっては、賛同がきわめて困難な結婚だった。

しかし、美智子妃は自信に溢れていた。正田家は実業家として財を成しており、子供たちはすべて優秀だった。西欧の文化やしきたりや礼儀に関して、美智子妃はどんな女性皇族にも引けを取らない知識を身につけていた。

平成12（2000）年6月16日、良子皇太后は亡くなり、追号《ついごう》は香淳皇后と決まった。この時に、華やかな笑顔が愛された香淳皇后を追悼するさまざまな書籍が刊行された。その中の1冊に『昭和の母 皇太后良子さま』（主婦と生活社刊）というムックがある。多数のカラー写真をあしらい97年に及ぶご生涯を辿っている。平成3（1991）年にインタビューをした町田幹子《ことこ》の記事も掲載されていた。「皇太后さまと常磐会」というタイトルである。町田幹子は大正9年に嵯峨侯爵家に生まれ、愛新覚羅溥傑《あいしんかくらふけつ》に嫁いだ浩《ひろ》の実妹である。もう一人の姉の治子は良子皇太后の女官を長く務めた。幹子は残念ながら平成12（2000）年4月11日に亡くなっているが、この記事は再掲載された。

常磐会というのは、もともとは昭憲《しょうけん》皇太后（明治天皇の后）が「学校を出てから、お稽古事をするためにとおつくりになったもので、ここでは、お花や佐賀錦などを習っておりました」とある。ボランティア活動に熱心な貞明皇后の主導でバザーを開き、その売り上げを肺結核やハンセン病患者のための施設に寄付していた。もちろん会員はすべて学習院を卒業した女性たちだった。

幹子は良子皇太后と美智子妃の関係について語っている。「お仲が悪いなどということは考えられない」として、皇太子妃にお決まりになった時も反対をされたということはなかった。「たいへんね」とひと言だけおっしゃったという。

「やはり、皇太后さまのように生まれながらにして、宮さまの立場でおありの方が、皇室に嫁がれてもご苦労がおありになったことでしょうに、お育ちの違う美智子さまが、そのお育ちの違いで、さぞご苦労されるのではないかと、皇太后さまは、ご心配のうえで、そうおっしゃられたのではないでしょうか」

しかし、皇太后のこの心配は杞憂だったようだ。美智子さまは常にポジティヴな女性で「どんどん新しい風を皇室にお入れになれた」のである。皇太后は常に美智子妃に「お好きなようになさい」とおっしゃった。周囲の者がその理由を伺うと「時代が違うのですから」と答えた。

「皇太后さまは、厳しい天皇家のしきたりをずっと守られてお暮らしになっておられましたけれども、それを美智子さまに望まれてはいらっしゃらなかったのではないでしょうか。『お若い方たちは、そのようになさればよろしい』と思っていらっしゃったのだと思います。」

という次第で、そのようになさっていた美智子妃だったが、思うようにならないことも稀《まれ》にはあったようだ。それは皇太子妃になって間もなくのこと。「美智子さまから、常磐会に入会したいというご意向が伝えられたことがございました」と幹子は回想する。どのようなお気持ちからおっしゃったかはわからないが、「常磐会は、あくまで学習院女子部の卒業生の集まりでありましたから、美智子さまだけを特別にご入会いただくわけにはいかない」というお返事をしたという。

これはなんとも象徴的なエピソードである。そして衝撃的でもあったのだろう。私はかつて2人の常磐会のメンバーの方から同じ話を聞いた記憶がある。お二人とも、今は他界されている。

多少なりとも学習院の歴史や常磐会の創立意図などを知っていたら、卒業生ではないのに入会しようという発想は生まれなかっただろう。そこは一般家庭で育ち聖心女子大学を卒業した美智子さまの常磐会に対する大きな認識の乖離《かいり》だった。

現在の上皇と上皇后によって、皇室はメディアへの露出度も確実に増えた。美智子上皇后は皇太子妃時代から現在まで、日本におけるスーパースターである。長い間被災地の人々を慰問し、先の大戦での慰霊の旅を続けられた。感謝と憧憬の気持ちを抱かなかった国民はいないはずだ。

だが、今回の眞子さまの結婚では、国民は解答のない問題を突き付けられたような気分になったのではないか。

美智子上皇后は、その人生において、「公」と「私」を見事に両立させた。皇室の繁栄と家族の幸せを等分に支えて来られたが、どこかでその配分に微妙なズレが生じたようにも見える。

女性皇族の結婚は、もはや皇室の一員であるよりも、個人の意思が大切な時代になった。

皇室イコール皇族と信じて、厳しく自己と家族を律した貞明皇后は、まさに過去の遺物なのだろう。

皇室文化や伝統を後の世につなぐために

それでも、現代を生きる国民の一人として、私は未来にある希望をつなぎたいと思っている。それはたとえ現在の皇族の方々の意思とは違ったとしても、皇室の文化や伝統や祭祀を、なんとか後の世代に残してもらいたいという願いである。

皇室には特別な祭祀や言葉遣い、書体などがあり、冠婚葬祭の習慣も異なる。それらのものは日本の大切な文化遺産である。可能なら連綿として続いた男系男子の天皇継承も残して欲しい。政治や経済活動からは離れたところにいて、国民の安寧を祈る皇室に存続してもらいたいのである。利害関係が絡む外国政府の思惑に振り回される皇室であって欲しくない。

そのためには、皇族に対して過剰な期待や義務を求めるのはやめようと思うのだ。これまでは、女性皇族の結婚には暗黙の了解があった。皇族としての品位を保つのは述べるまでもない約束だったのである。しかし、戦後の民主主義は、もはや悠長に戦前の皇族の常識を押し通すことを否定する。

これから結婚するであろう女性皇族も、一般家庭からすでに輿入れをして妃殿下や皇后になっている女性皇族も、まずは個人としての権利を優先させようとするのを遮ることは誰にも出来ない。

それほど遠くない将来に、皇室の豊かな文化遺産を守る方法を、国家が真剣に取り組む必要に迫られるのではないだろうか。限られた人数の皇族がその任に当たってくれるかもしれない。その時になって、貞明皇后の足跡は再評価されるだろう。

令和3年9月1日　工藤美代子

追記

本書の執筆中は静岡福祉大学名誉教授、小田部雄次氏に数々の貴重なご助言を頂いた。心より感謝の意を表したい。また、サンデー毎日に連載中は資料収集及び執筆に関して、編集部の佐藤恵さんにひとかたならぬお世話になった。連載終了後には毎日新聞出版の図書第一編集部の久保田章子さんの適切なアドバイスに助けられた。久保田さんがいなかったら、もはや本書を上梓する意欲も失くしていたことだろう。佐藤さん、久保田さんに厚く御礼を申し上げる。

本書は『サンデー毎日』２０２０年3月15日号〜11月22日号に連載した
「皇后の覚悟」に加筆修正しました。
旧字・旧かな遣いは、適宜、新字・現代かな遣いに改めました。

主要参考文献

『昭和新修華族家系大成』上下巻　霞会館諸家資料調査委員会編纂　霞会館
『貞明皇后』主婦の友社編　主婦の友社
『貞明皇后』早川卓郎編纂　大日本蠶糸会
『孤高の国母　貞明皇后　知られざる「昭和天皇の母」』川瀬弘至　産経新聞出版
『皇后考』原武史　講談社
『国母の気品　貞明皇后の生涯』工藤美代子　清流出版
『母宮　貞明皇后とその時代　三笠宮両殿下が語る思い出』工藤美代子　中央公論新社
『昭憲皇太后・貞明皇后　一筋に誠をもちて仕へなば』小田部雄次　ミネルヴァ書房
『皇后さま』小山いと子　主婦の友社
『四代の天皇と女性たち』小田部雄次　文春新書
『華族家の女性たち』小田部雄次　小学館
『明治才媛美譚』熊田宗次郎　博文館
『淑女鑑』田島教恵　文永館
『院政　天皇と上皇の日本史』本郷恵子　講談社現代新書
『蕩尽する中世』本郷恵子　新潮選書
『九條節子姫』喜多文之助　喜多文之助
『貞明皇后　その御歌と御詩の世界「貞明皇后御集」拝読』西川泰彦　錦正社
『ミカドと女官　菊のカーテンの向う側』小田部雄次　扶桑社文庫

主要参考文献

『皇后の近代』片野真佐子　講談社選書メチエ
『三代の天皇と私』梨本伊都子　講談社
『梨本宮伊都子妃の日記　皇族妃の見た明治・大正・昭和』小田部雄次　小学館
『銀のボンボニエール』秩父宮妃勢津子　主婦の友社
『菊と葵のものがたり』高松宮妃喜久子　中央公論社
『大宮様と妃殿下のお手紙　古きよき貞明皇后の時代』榊原喜佐子　草思社
『昭和天皇実録』宮内庁　東京書籍
『高松宮日記 』全八巻　高松宮宣仁親王　中央公論社
『原敬日記』全六巻　原奎一郎編　福村出版
『牧野伸顕日記』牧野伸顕　伊藤隆・広瀬順晧編　中央公論社
『回顧録』上下巻　牧野伸顕　中公文庫
『木戸幸一日記』上下巻　木戸日記研究会編　東京大学出版会
『ベルツの日記』上巻　エルウィン・ベルツ著　トク・ベルツ編　菅沼竜太郎訳　岩波文庫
『入江相政日記』全十二巻　入江為年監修　朝日新聞社編　朝日新聞社
『佐佐木高行日記　かざしの桜』安在邦夫・望月雅士編　北泉社
『明治聖上と臣高行』津田茂麿編　自笑會
『まわり燈籠』木村毅　井上書房
『宮中五十年』坊城俊良　講談社学術文庫
『宮中見聞録　昭和天皇にお仕えして』木下道雄　日本教文社
『宮廷』小川金男　日本出版協同
『女子学習院五十年史』　女子学習院編　女子学習院　非売品
『実録・天皇記』大宅壮一　角川新書
『昭和史発掘　特別篇』松本清張　文春学藝ライブラリー

『大正天皇　一躍五大洲を雄飛す』Ｆ・Ｒ・ディキンソン　ミネルヴァ書房
『昭和天皇実録評解　裕仁はいかにして昭和天皇になったか』小田部雄次　敬文舎
『大正天皇』原武史　朝日選書
『小泉八雲　思ひ出の記　父「八雲」を憶う』小泉一雄　小泉節子　恒文社
『大正文化』南博　社会心理研究所　勁草書房
『詭辯の研究』荒木良造　内外出版印刷
『一青年の思想の歩み』手塚富雄　講談社
『天皇百話　上の巻』鶴見俊輔・中川六平編　ちくま文庫
『近代諸家の死因』服部敏良　吉川弘文館
『事典　有名人の死亡診断　近代編』服部敏良　吉川弘文館
『大正天皇の大葬「国家行事」の周辺で』田中伸尚　第三書館
『天皇の印象』安倍能成ほか　創元社
『若き日の天皇』原口扁舟　日本教養図書刊行頒布会
『秩父宮雍仁親王』秩父宮を偲ぶ会
『秩父宮　昭和天皇弟宮の生涯』保阪正康　中公文庫
『秩父宮と昭和天皇』保阪正康　文藝春秋
『高松宮宣仁親王』「高松宮宣仁親王」伝記刊行委員会編　朝日新聞社
『動乱の中の王妃』李方子　講談社
『徳恵姫　李氏朝鮮最後の王女』本馬恭子　葦書房
『マッカーサー回想記』上・下巻　ダグラス・マッカーサー　津島一夫訳　朝日新聞社
『マッカーサーの謎　日本・朝鮮・極東』ジョン・ガンサー　木下秀夫・安保長春訳　時事通信社
『僕の昭和史Ⅰ』　安岡章太郎　講談社
『田島道治　昭和に「奉公」した生涯』加藤恭子　ＴＢＳブリタニカ

主要参考文献

『昭和天皇と美智子妃　その危機に「田島道治日記」を読む』加藤恭子　田島恭二監修　文春新書
『九條武子夫人』山中峯太郎　大日本雄弁会講談社
『九條武子　その生涯とあしあと』籠谷真智子　同朋舎
『九條武子の生涯』末永文子　探究社
『近代美人伝』下巻　長谷川時雨　杉本苑子編　岩波書店
『大谷光瑞』杉森久英　中央公論社
『大谷光瑞の生涯』津本陽　角川文庫
『明治　大正　昭和　華族事件録』千田稔　新人物往来社
『明治天皇』上・下巻　ドナルド・キーン　角地幸男訳　新潮社
『天皇の憂鬱』奥野修司　新潮新書

「婦人之友」昭和二十六年七月號
「昭和の母　皇太后良子さま」週刊女性臨時増刊２０００年８月12日　主婦と生活社

工藤美代子（くどう・みよこ）

昭和25（1950）年東京生まれ。ノンフィクション作家。旧チェコスロヴァキア・カレル大学を経て、同48年からカナダに移住し、バンクーバーのコロンビア・カレッジ卒業。『工藤写真館の昭和』で第13回講談社ノンフィクション賞受賞。そのほか『国母の気品　貞明皇后の生涯』『香淳皇后と激動の昭和』『美智子皇后の真実』『美智子さま　その勁き声』など著書多数。

女性皇族《じょせいこうぞく》の結婚《けっこん》とは何《なに》か

印刷――2021年9月15日
発行――2021年9月30日

著者――工藤《くどう》　美代子《みよこ》

発行人――小島明日奈

発行所――毎日新聞出版
〒102-0074
東京都千代田区九段南1-6-17　千代田会館5階
営業本部　03（6265）6941
図書第一編集部　03（6265）6745

印刷・製本――光邦

ISBN978-4-620-32702-0